Años de cambio

Ulla Rahn-Huber

Años de cambio

Traducción de Eva Nieto

alternativas
ROBIN BOOK

Licencia editorial para Bertelsmann Direct, N.A., por cortesía de Ediciones Robinbook, s.l., Barcelona

Título original: *Kursbuch Wechseljahre. So bleiben Sie jung, schön und sinnlich*

© 2001, Südwest, a division of Verlagsgruppe Random House GMBH, München, Germany
La publicación de este libro se ha negociado con Ute Korner Literary Agent, S.L., Barcelona

© 2005, Ediciones Robinbook, s. l., Barcelona
Diseño de cubierta: Regina Richling
Fotografía de cubierta: Age Fotostock
Producción y compaginación: MC produccció editorial
ISBN-13: 978-84-7927-768-0

Queda rigurosamente prohibida, sin la autorización escrita de los titulares del copyright y bajo las sanciones establecidas en las leyes, la reproducción total o parcial de esta obra por cualquier medio o procedimiento, comprendidos la reprografía y el tratamiento informático, y la distribución de ejemplares de la misma mediante alquiler o préstamo públicos.

Impreso en U.S.A.

*Por fin, poder tomarse tiempo
para una misma y volver a descubrir
el cuerpo y la mente.*

El climaterio no es el final
Un nuevo inicio para el cuerpo y el espíritu

*Tiempo de descanso
y satisfacción, pero no
es el principio del fin.*

Aceptar los desafíos

¿Un nuevo inicio y un motivo de alegría? o bien, ¿la puerta hacia la vejez y un incómodo malestar? Muchas mujeres preguntan por el tema «climaterio» y muchas serán las respuestas recibidas, pues cada mujer afronta esta fase vital de un modo muy personal y propio.

Los síntomas del climaterio se presentan con manifestaciones muy diversas. Mientras que unas mujeres sienten sofocos de forma constante, incluso cuando la gente que le rodea tirita de frío, otras pierden los nervios por pequeñeces o rompen a llorar; dicho de otro modo, en algún momento en la mitad de la vida todas las mujeres sienten que «algo en ellas no va bien». Además se dan sensibles irregularidades en los ciclos menstruales. O bien la menstruación es especialmente abundante o se produce con intervalos de separación muy cortos para, luego, desaparecer durante espacios más largos. «¿Estaré embarazada?», se preguntan, horrorizadas, algunas mujeres. «¡No es posible!». Una visita al ginecólogo lo explica todo: las «otras circunstancias» que, por un lado, les ocasionan quebraderos de cabeza, por otro lado les impiden quedarse embarazadas. Ha comenzado el climaterio. Por primera vez la mujer siente los desarreglos internos que son tan típicos de esta fase: por una parte un verdadero puro alivio pero, por la otra...

> Los tres síntomas más importantes y explicativos del climaterio son las menstruaciones irregulares, los sofocos y los sudores, así como fluctuaciones anímicas que suceden repentinamente. Sin embargo, sólo se puede hablar con absoluta seguridad de climaterio una vez realizado un test hormonal.

La escala de fases vitales

Ya el nombre revela de qué trata esta fase vital para la mujer: el climaterio es un tiempo de cambios y transición, y no sólo en el plano físico, sino también en el mental y psíquico. El «climaterio», como término utilizado en el lenguaje científico, lo aclara todavía más. Procede del griego y significa algo así como «escalera». Las mujeres, en la segunda mitad de su vida, están invitadas a escalar un nuevo peldaño de su evolución vital.

Que este hecho pueda resultar agotador y traer sudores consigo, nos remite a los tiempos romanos con el término *climacterius* que, a su vez, proviene del griego y se podría traducir como «tiempo de cambios» o «tiempo de crisis». Revela que no se trata de modificaciones superficiales, sino de amplios cambios en profundidad que ocurren y dejan su huella en todas las mujeres. La forma abreviada «clímax», utilizada como tecnicismo médico, significa realmente «punto álgido» y «elevación» y se utiliza para expresar la transición que separa lo que es poco a lo que es muy significativo, un indicio para escudriñar nuestra propia vida y proceder a separar el grano de la paja.

Inseguridades y miedos

A pesar de todos estos prometedores términos y de las posibilidades que ofrecen, muchas mujeres ven obstaculizado su paso a esta etapa de la vida debido a sentimientos contradictorios. Es el comienzo de una nueva fase, bella y hermosa, pero ¿qué es lo que me espera? ¿Dónde me lleva? Cuando entramos en la fase del climaterio, siempre tenemos la sensación de que está ocurriendo demasiado pronto. De alguna forma se asemeja al umbral hacia la vejez, y esto no da lugar a sutilezas de interpretación.

> En un mundo en el que la juventud se escribe con letras mayúsculas y la edad se considera como una especie de tipo de estigma; la sola mención de esa palabra, «edad», deja un regusto amargo. ¡Pero la belleza no es cosa de la edad, sino de los planteamientos internos!

Reflexiones sobre el punto de vista propio

¿Qué se te ocurre sobre el tema «edad»? ¿Te sugiere aspectos como la experiencia, la sabiduría, la serenidad, la dignidad y el carisma, o bien este término despierta en tu ánimo sentimientos fuertemente negativos? Nuestro enfoque con respecto a la edad está marcado frecuentemente por ideas preconcebidas y en muchas ocasiones es complicado aceptar nuestro nuevo rol en el climaterio. Coloca críticamente tus pensamientos bajo una lupa y compara la imagen que observas con la de otras mujeres que ya han superado la mitad de la vida. Tómate tiempo para hablar con tu pareja o con una buena amiga.

Guía de términos

- **Climaterio:** momento en la vida de una mujer en el que, poco a poco, los ovarios suspenden su actividad y la menstruación va desapareciendo paulatinamente.
- **Menopausia:** la «pausa» del «mes», la ausencia definitiva de las hemorragias regulares mensuales. Se habla de menopausia prematura cuando ocurre antes de los 35 años y de menopausia tardía cuando se da más tarde de los 55. Naturalmente, el momento en que tuvo lugar la última regla periódica se sabe tan sólo de forma retrospectiva.
- **Premenopausia:** tiempo anterior a la entrada en la menopausia.
- **Perimenopausia:** el prefijo «peri» significa «alrededor de» o «cerca de». Se denomina perimenopausia a la época alrededor de la edad de la menopausia y por lo tanto es sinónimo del término «climaterio». También se denomina fase de transición perimenopáusica.
- **Postmenopausia:** época posterior a la desaparición definitiva de la menstruación. Se denomina mujer «postmenopáusica» a la que no ha tenido el periodo desde hace más de 11 meses.

Los nueve pasos septenales hacia la madurez

- Tres veces siete años para el desarrollo psicofísico.
- Tres veces siete años para el desarrollo de una vida interior propia e individual.
- Tres veces siete años para la madurez del espíritu.

> De modo distinto a la generación de nuestras abuelas, en la que el comienzo de la menopausia, y con ello el fin de los «años fértiles», no era más que una retirada a la ancianidad, hoy en día se presentan a las mujeres unas perspectivas y posibilidades totalmente nuevas.

También eso te puede ayudar a encontrar más serenidad así como a superar angustias e ideas preconcebidas que, a pesar de toda la sinceridad y toda la tolerancia, no hay duda que siguen existiendo en los pensamientos e ideas de muchas mujeres.

La vida evoluciona en base a ritmos

La transición entre el día y la noche, la sucesión de las estaciones del año, los ciclos lunares: como podemos observar, todo el cosmos está señalado por una gran diversidad de ritmos. También en la biografía de los seres humanos se dan estos tipos de sucesiones cíclicas, que se reflejan en todas y cada una de las diversas fases de su desarrollo.

> El climaterio es inevitable. Resultará mucho más sencillo si lo enfocas con una actitud positiva.

Ya en la antigüedad clásica se ocuparon de este tema y dividieron la vida de las personas en escalones o periodos de siete años (septenales). En este tiempo se desarrollan modificaciones biológicas y psíquicas e intelectuales en íntima correlación. Esto explica el por qué los retrasos en el proceso de maduración física pueden conllevar también a un perjuicio del desarrollo intelectual y psíquico. Son especialmente llamativos los pasos que se dan entre una y otra fase vital, ya que estas fases, a menudo, van precedidas de turbulencias psicofísicas que anuncian un escalón de madurez. Sólo se piensa en el cambio de los dientes que todos los niños tienen hacia los siete años, o en la pubertad, en la que los jóvenes, en el plano físico, sufren por los granos, las redondeces de recién nacido y los cambios de voz, mientras que el proceso mental está señalado por muchas subidas y bajadas: cuestionan todo el entorno y su propia personalidad y, a veces, aparecen de nuevo procesos complicados y dolorosos, un paso fundamental en el camino hacia la vida adulta y hacia el objetivo de una madurez interna.

Despedida del ciclo fértil

También el climaterio es una transición en la que las modificaciones corporales anuncian la entrada en una nueva fase de desarrollo. En el exterior se observan canas y arrugas que indican que la juventud ha pasado y no se puede recuperar. Pero, como en todos los procesos de despedida, también dispone de su lado bueno. La mera perspectiva de entrar en el climaterio, dejando tras de si el ciclo fértil femenino, tiene grandes ventajas. Sólo una minoría de las mujeres le ofrece una bienvenida jubilosa a la menstruación, y eso que libros eruditos hacen un flaco favor a la nueva femineidad, limitándose a hacer énfasis en que la menstruación es la fuente de fortaleza de la mujer.

Para la mayoría de las mujeres la realidad es bien distinta: para ellas la menstruación es uno de los ladrones principales de su energía y es, sencillamente, causa de molestias por antonomasia. Piensa tan solo en las incómodas situaciones que tienes que eludir durante esos días. ¿No hay momentos en los que se te despierta cierta envidia cuando piensas en lo sencillo que lo tienen los hombres en este aspecto? Cuántas reuniones de trabajo, fiestas familiares u otro tipo de celebraciones, cuántos paseos, viajes o excursiones a la playa hemos dejado de hacer por miedo a percances desagradables; percances que, a pesar de todas las ingeniosas elucubraciones y de todo el aprovisionamiento de tampones de este mundo, no se podrían evitar al 100%. En nuestro caso, los desagradables efectos secundarios de la menstruación, como pueden ser los síntomas premenstruales, los calambres en el vientre o los dolores de espalda, son cosas del pasado. Ya no habrá que volver a decir eso de: «No puedo, estoy en esos días....».

Y además, con la llegada de la menopausia definitiva desaparece un punto decididamente importante: la preocupación por la concepción. ¡Entonces podrás disfrutar de tu vida sexual plenamente y sin inquietudes!

> Se define como menopausia a la última menstruación de una mujer. La premenopausia pone nombre al espacio de tiempo anterior a la última menstruación, que ya ofrece ciclos menstruales irregulares. La postmenopausia es, finalmente, la época que va desde la menopausia hasta el final de la vida.

La larga fase del cambio

La fase de completo cambio obligada por el climaterio dura, por regla general, dos periodos de siete años, ya que comienza aproximadamente cinco años antes de la última menstruación y, desde ese momento, puede durar hasta diez años más. Por ello es el escalón de desarrollo más largo en la vida de una mujer. Que se viva penosamente o con alegría depende de la actitud interna de cada una.

Por fin, tener tiempo para una misma

En muchos de los aspectos se nos presenta una gran cantidad de libertad de acción. Mientras que las décadas anteriores estaban marcadas predominantemente por la necesidad de la edificación de una existencia sólida y satisfactoria en lo económico, y por las preocupaciones inherentes a la familia, ahora se trata, cada vez más, de dedicarnos al desarrollo de la propia individualidad y personalidad. Paralelamente al climaterio suelen aparecer también modificaciones en la familia y, en especial las madres, se ven frente a una situación totalmente nueva. Los hijos se van independizando y se marchan de casa. De repente el trajín diario se torna en una tranquilidad poco habitual. Se han callado los altavoces de los equipos de música que, hasta hace poco, atronaban el ambiente, las montañas de ropa disminuyen al mínimo y repentinamente el orden se instala en el hogar. Por fin ya tienes lo que te ha faltado durante todos esos años: tiempo. Por el contrario, también se suprimen de repente los contenidos más importantes de la vida, que ahora deben volver a definirse. Al principio quizá no sepas por dónde empezar y comiences a hacer cosas por desesperación, como limpiar todos los armarios de la casa o poner en los álbumes las fotos de las vacaciones de los últimos diez años. Pero llegará un momento en lo que ya todo eso estará hecho. Ocupa tus vacíos de una forma consciente con asuntos que te resulten beneficiosos, utiliza el tiempo libre para buscar nuevas cosas que hacer.

> Tan provechoso parece ser también el proceso de reorientación que se crea durante el climaterio que nos exige, en todos nuestros aspectos vitales, situarnos por encima del límite de nuestras fuerzas. Casi se debería pensar que, a menudo, a partir de unos fuertes dolores de parto, ha nacido en nosotras una mujer madura.

Otros países, otras costumbres

En nuestro círculo cultural, en el que en gran medida todo se ha focalizado hacia la juventud, resulta fácil que las personas mayores, sobre todo las mujeres, se vean desplazadas. Pero esto puede cambiar, tal y como nos lo muestran, por ejemplo, determinados pueblos indios.

Allí, las mujeres que han pasado la menopausia son lo suficientemente maduras como para poder ser sanadoras. Primero deben ser mujer chamán y con ello ascienden a una posición de elevado rango y prestigio. Este hecho permite que allí la menopausia sea considerada de un modo totalmente distinto y aparezca bajo una luz muy positiva.

> Busca el contacto con mujeres de otros países y culturas e intercambia experiencias. De este modo se abrirán horizontes totalmente nuevos.

Qué influencia tengan las normas sociales sobre la menopausia y cómo viven el climaterio las mujeres, fue objeto de un estudio en Estados Unidos llevado a cabo hace algunos años en 150 países. Mostró que los síntomas negativos se observaban sobre todo en los países donde las mujeres, según avanzaban en edad, descendían en el rango social. En otros pueblos no se registraban estos efectos secundarios. En Pakistán, por ejemplo, donde las mujeres en edad fértil estaban sometidas a tabúes y limitaciones, tras la llegada de la menopausia disfrutaban de unas libertades mucho mayores y ejercían una mayor influencia. También en India, Indonesia y China el climaterio supone una elevación en el rango social. Resultan de mucho interés las diferencias que se registran en Estados Unidos entre los diversos grupos de población: según el estudio, las afroamericanas que saludan a la edad como un proceso de maduración sexual, sufren mucho menos las dolencias de la menopausia que las mujeres blancas que están sometidas a los dictados de la juventud. Los dos grupos asumen de forma distinta el aspecto y el poder de las mujeres de más edad y, por ello, viven de forma distinta esta fase de transición.

> ### El enfoque adecuado
>
> Lleva de forma actualizada un diario personal sobre tu menopausia y, junto a los datos de tu ciclo, anota también tus ideas. ¿Que te sugiere el tema «edad»? Hacerse consciente de tus inseguridades y conceptos puede ayudarte a encontrar un nuevo entendimiento de ti misma. Intercambia con otras mujeres opiniones sobre sus propias experiencias e infórmate lo mejor posible sobre los procesos corporales y los trasfondos médicos. Cuanto más sepas de esta fase de la vida, mejor será para superar las angustias y los prejuicios.

Un nuevo entendimiento propio

Estudios como los comentados anteriormente indican lo importante que es la propia predisposición ante el tema «menopausia y edad» y que nosotras las mujeres, por lo menos en parte, tenemos bajo control las reacciones de nuestro propio cuerpo en esta fase crítica de la vida. ¡Deshazte del axioma de que sólo las mujeres jóvenes pueden ser hermosas y deseables! Los esfuerzos que siempre has realizado durante toda la vida hacen que el proceso de envejecimiento se vaya retrasando, pero no se puede detener del todo. Se trata de encontrar un nuevo y más maduro entendimiento propio, que no sólo se mida por la apariencia externa, sino también por la belleza interior y que aspire a una autoridad natural. Si se admite esta nueva orientación, no sólo se superará sin problemas la menopausia, sino que incluso se tomará como un enriquecimiento pues, de hecho, estas mujeres, gracias a su encanto, a su carisma y a su aspecto, cada año van ganando en atractivo y autoconfianza.

También los hombres tienen climaterio

En contra de lo que se supone, la menopausia no es sólo cosa de la mujer. Como han demostrado las nuevas investigaciones, los hombres resultan también muy afectados por las hormonas. Si el climaterio en las mujeres está caracterizado por marcados síntomas, los hombres, alrededor de los 55 años, sufren igualmente de un marcado descenso del nivel de concentración hormonal. Y esto no sucede sin efectos sobre el estado físico, lo que ocurre es que, sencillamente, no se habla de ello. Ninguno quiere darse cuenta de que los años van pasando. Estar acorde con la edad no resulta difícil para las mujeres. Muchas de ellas se han construido una red de seguridad formada por amigas cuya ayuda, en los críticos momentos de subidas y descensos anímicos condicionados por la menopausia, es más valiosa que el oro.

> Los hombres suelen estar bajo presión para que su imagen, tanto en el ámbito laboral como en el círculo de amigos y conocidos, siga siendo en todo momento la de un tipo potente, duro y de éxito.

Buscar nuevos modelos

De modo paradójico, existen muchas revistas para mujeres que no se lo ponen nada fácil a una mujer de mediana edad cuando llega la hora de despedirse de su juvenil aspecto exterior. Las modelos, delgadísimas y perfectamente maquilladas, que a menudo se presentan en ellas tienen aspecto de adolescentes y por ello son poco apropiadas para servir de ejemplo para las mujeres maduras. Si te comparas con ellas, incluso con 30 años te verás relativamente mayor. ¡Debes intentar no participar en esta farsa! Lo mejor es buscar otros modelos e ideales. Da igual que sea en el ámbito privado o en la vida pública, seguro que encontrarás una u otra mujer, madura y carismática, que merezca la pena para ser tomada como ejemplo.

La mujer sabia que hay dentro de nosotras

Si bien resultan importantes los modelos y las ayudas de orientación, en última instancia cada mujer es distinta en cuanto a sus necesidades y sus reacciones corporales. Y lo que es bueno para una mujer, no tiene por qué tener el mismo efecto en otra. Por ello no hay que dejarse llevar por consejos bien intencionados o por las estadísticas.

> Nadie puede decir con una seguridad del 100% lo que va a ocurrir en el organismo en un determinado momento. Nadie como una misma conoce mejor su cuerpo. Hay que escucharlo. Será él el que diga lo que le viene especialmente bien y lo que no.

Tu cuerpo es único, y si un determinado preparado ha ayudado a una compañera de trabajo, una vecina o una participante en un estudio científico, eso no significa que tenga que ser adecuado para ti. En estas fases de tránsito, con todos sus humores y contradicciones, es a menudo complicado poner orden en nuestras propias ideas y hay que saber cuál de las muchas voces que se oyen en nuestro interior se debe seguir, la «mujer sabia» que hay en ti, cuanto más edad tiene más fuerte se hace y va pidiendo la palabra cada vez con mayor intensidad. Al principio sólo te percatarás a posteriori, cuando ya lo hayas experimentado una vez. A menudo será algo equívoco y pensarás: «Lo sabía» o bien «De antemano no tenía un buen presentimiento sobre esto». Pero con un poco de tiempo y de paciencia podrás aprender a estar más atenta y a escuchar a tiempo las señales de tu voz interna. ¡Y cuando esto ocurra, no lo ignores!

Breves estadísticas del climaterio

- La edad media estadística para la llegada de la menopausia es de 52,3 años.
- La menopausia comienza por término medio con 47,5 años y la reorganización hormonal dura normalmente 3,8 años.
- En el 10% de todas las mujeres la menopausia aparece de un modo súbito y sin fase de transición.
- Un cierto porcentaje de todas las mujeres viven la menopausia antes de los 40. Las causas pueden ser factores genéticos, una condición patológica provocada por una enfermedad, o por la eliminación quirúrgica, de los ovarios.
- En el caso de las fumadoras, la menopausia aparece, por término medio, 1,8 años antes que en las no fumadoras. Y también el periodo de tiempo de la reorganización hormonal es en ellas más corto.

Las canas están de moda

Que la moda se va alejando lentamente del culto a la juventud es algo que se observa en los diversos modistos y agencias de publicidad, que han descubierto como grupo objetivo a la mujer madura. Cada vez en pasarelas y anuncios se pueden ver con más frecuencia modelos con canas y con sus primeras arrugas. Se ha descubierto que las mujeres en la segunda mitad de su vida disponen, naturalmente, de un poder adquisitivo mayor que las veinteañeras y que la ideal mujer joven que nos presentan las revistas glamurosas y los anuncios de la televisión, debido al descenso de la natalidad y a la mayor esperanza de vida, hoy en día son menos representativas que nunca. Baste pensar que, por ejemplo, en Alemania las mujeres menopáusicas suponen el 25% de la población femenina.

> La investigación ha confirmado que existe una relación entre el encanecimiento del pelo y una flora intestinal dañada. Esto se puede regular con una alimentación adecuada.

Tiempo de cambios
Con ímpetu en esta nueva fase de la vida

*El cuerpo aprende
a comprenderlo, y de esa
forma se superan angustias y prejuicios.*

¿Qué ocurre en el climaterio?

Con la primera menstruación, la denominada menarquía, comienza para cada mujer un acontecimiento cíclico que va a marcar de forma decisiva su vida, desde la pubertad hasta la menopausia. El periodo, y las subidas y bajadas del nivel hormonal provocadas por la ovulación tienen notable influencia en la constitución física y mental de cada una de nosotras.

Cuando una mujer sufre molestias por debajo de la cintura, no se lo piensa demasiado para conceptuarlas como trastornos menstruales. De hecho, durante la menstruación son muchas las mujeres que padecen agudos calambres o pinchazos. A menudo los dolores en la parte baja del abdomen, padecidos en la mitad del ciclo se refieren efectivamente a la ovulación (es lo que se conoce como dolor de ovulación o dolor en mitad del ciclo menstrual). Y basta que tengamos los nervios a flor de piel para que, enseguida, nos digan: «Vuelves a tener tus días».

El conocimiento ayuda a superar angustias infundadas

Con el paso de los años las mujeres aprenden a conocer perfectamente su cuerpo y saben cómo se sienten en cada una de las fases independientes de su ciclo. Con la entrada en el climaterio, este ritmo interno sufre unas súbitas modificaciones. Se pueden generar angustias ya que, además de los síntomas de cambio típicos de estos momentos, también intervienen otras circunstancias de tipo médico que debemos tomarnos muy en serio.

Para entender realmente lo que está ocurriendo en nuestro cuerpo y los efectos a que va a dar lugar, merece la pena pararse a observar con detenimiento aquellos mecanismos cuyos acontecimientos más notables se erigen en constituyentes de la base de la vida de una mujer.

> El cuerpo cambia, y con ello también las misiones que tiene asociadas, pero esto no debe constituir un motivo de tristeza ya que, además de la fertilidad física, también existen otras formas de fertilidad, como la anímica.

El ciclo femenino

Mientras los ovarios están activos, todos los meses maduran en ellos una parte de los óvulos que contienen y que se transforman en folículos. Sólo uno de estos folículos consigue una maduración completa y estalla liberando un óvulo por el que, si resulta fecundado, se produce el embarazo. De lo contrario se elimina conjuntamente con el endometrio: se produce la menstruación.

Este proceso se regula mediante determinadas hormonas que se forman en diversos órganos. Las más conocidas son las típicas hormonas femeninas: estrógenos y progesterona, que juegan un papel muy importante, pues sin estas denominadas hormonas de control nada funcionaría. En qué momento y qué cantidad de sustancias se distribuye, son circunstancias basadas en un complicado mecanismo de regulación.

> Los trastornos del ciclo y síntomas similares a los del climaterio se pueden producir a causa de una reducción de la función de la glándula tiroides (hipotiroidismo). En caso de duda se recomienda el correspondiente análisis.

El principio del control hormonal

- En el hipotálamo, una determinada región del diencéfalo, se crea la principal hormona de control, la denominada hormona liberadora de gonadotropina (abreviadamente GnRH, que proviene del inglés «gonadotropinreleasing hormone»).
- La GnRH estimula a la hipófisis para que se formen otras hormonas de control: la hormona folículoestimulante (FSH) y la hormona luteinizante (LH).
- La FSH consigue la maduración de los folículos. Estos producen estrógenos, elevándose su nivel de concentración en sangre. Cuando se alcanza un valor determinado, la producción FSH se reduce automáticamente.

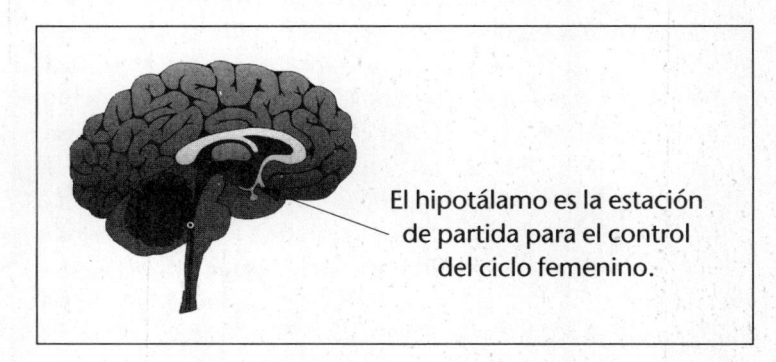

El hipotálamo es la estación de partida para el control del ciclo femenino.

- Simultáneamente se incrementa la formación de la LH, que facilita la ovulación.
- En la envoltura del óvulo, ahora vacía, comienza la producción de hormonas del cuerpo lúteo o amarillo (progesterona) que, una vez ocurrida la fecundación, apoyan la implantación (anidamiento) del endometrio y favorecen su posterior desarrollo.
- Si no se da la fecundación, descienden los niveles de estrógenos y progesterona y se produce la menstruación. Los bajos valores de estrógenos estimulan de nuevo al hipotálamo para la formación de GnRH, comenzando un nuevo ciclo.

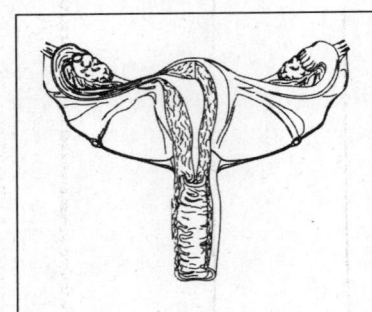

Los dos millones de óvulos existentes en los ovarios en el momento de su nacimiento, se van reduciendo hasta la menarquia hasta, aproximadamente, la tercera parte.

Los óvulos disminuyen

En el momento de su nacimiento, en los ovarios de una niña hay aproximadamente entre uno y dos millones de óvulos (oocitos) en un estado de inmadurez. Con el crecimiento aumenta el tamaño de los ovarios, pero el número de óvulos disminuye. Cuando llega la primera menstruación todavía persisten unos 400.000. En el transcurso de los siguientes 25 años, esta pérdida continúa y, a partir de los 40 años de edad, se vuelve a acelerar. En el último periodo menstrual no restan más que algunos miles. En las ovulaciones mensuales sólo se pierde una mínima porción (menos de un 0,0001%) de la primitiva reserva millonaria de óvulos.

La causa para este diezmo progresivo es algo muy distinto: los ovarios están sometidos a un proceso permanente de muerte celular que ya comienza a tener lugar en unos tiempos en los que la edad no constituye aún un tema de preocupación para la mujer. Disponen de una especie de reloj con fecha de caducidad interna que limita la fertilidad femenina al lapso de tiempo que transcurre entre la menarquía y la menopausia.

> Las oscilaciones naturales en el nivel hormonal hacen casi imposible, sin una serie de comprobaciones a largo plazo, determinar la carencia o la superproducción de hormonas en sangre.

Los folículos se agotan

Como ya hemos visto, en nuestros ovarios ocurre una disminución continuada de la provisión de folículos. Este proceso se produce muy rápidamente a partir de los 40 años. Además, entonces los folículos ya no funcionan tan bien como lo hacían anteriormente, de modo que la altamente sensible interacción hormonal se separa de su balance natural.

Incluso en las mujeres cuyo ciclo, hasta el momento, ha sido puntual como un reloj, comienzan progresivamente las irregularidades en la menstruación por causa del descenso de los niveles de estrógeno. Se produce también un agostamiento progresivo de los folículos que conducirá finalmente a la llegada de la menopausia: el fallo funcional hace descender rápidamente, hasta llegar al mínimo, la producción de la más importante hormona femenina.

El nivel de estrógenos es tan bajo que ya no se pueden producir menstruaciones normales y tampoco se consigue satisfacer a los correspondientes receptores en el cerebro. Resultan estériles todos los intentos de la hormona estimulante del folículo FSH para producir la ovulación y poner de nuevo en marcha la producción de estrógenos.

> ### Los siguientes factores sugieren una menopausia precoz
>
> - La entrada precoz en la menopausia por parte de nuestra madre o nuestras hermanas mayores eleva la probabilidad de que en nosotras mismas aparezca prematuramente la última menstruación.
> - La quimioterapia o los tratamientos con radiaciones debilitan muy fuertemente los ovarios, en especial en mujeres por encima de los 35 años.
> - Fumar puede acelerar uno o dos años el agotamiento de la función ovárica.
> - En el caso de mujeres con ciclos cortos de menstruación, la pérdida de óvulos se puede acelerar a causa del exceso de ovulación.
> - Existen estudios que conectan una menarquía temprana (primera menstruación antes de los 11 años) con una menopausia también temprana. Sin embargo otras investigaciones se refieren a resultados totalmente opuestos.
> - En el caso de mujeres sin hijos suele ocurrir antes la menopausia. Parece como si el organismo sumara los periodos libres de ovulación correspondientes a los embarazos.
> - Un fenómeno interesante: en el caso de mujeres que viven a alturas por encima de los 3.000 metros, la menopausia aparece, por término medio, alrededor de 2 años antes. Todavía no está aclarado el motivo de esta curiosa circunstancia.

Un test hormonal nos brinda transparencia

La ausencia de ovulación (anovulación) y de la regla no debe ser obligatoriamente un signo de que comienza la menopausia. También existen otros factores, como las alteraciones climáticas, las enfermedades, el estrés o la radical pérdida de peso pueden generar esta ausencia de la menstruación. Los tests hormonales que puede realizarte tu ginecólogo son los que lo explicarán. Además se determinarán los niveles de la hormona estimulante del folículo (FSH) y de estrógenos. Unos valores FSH elevados y unos valores bajos de estrógenos indican el comienzo del climaterio.

> En las mujeres de más de 40 años los ciclos se hacen cada vez más cortos. Son, por término medio, de unos 26 días, frente a los 28 días que duran en el caso de las mujeres de 20 años. Con el comienzo del climaterio llegan las menstruaciones irregulares que llevan a la disminución de la función ovárica y a un descenso de la producción hormonal.

Sin embargo, y debido a las oscilaciones condicionadas por el ciclo, no basta con un único test hormonal para obtener un diagnóstico definitivo: al comienzo del ciclo el valor de los estrógenos es, por regla general, bajo para, posteriormente, ir subiendo cada vez más. También si el balance hormonal, por cualquier motivo, queda desorganizado y no madura ningún folículo, puede que el resultado del laboratorio sea erróneo. Entonces tenemos menos estrógenos y, por ello, más FSH en sangre, exactamente igual que ocurre en la menopausia. Si en el siguiente mes, gracias a una suficiente disponibilidad de FSH, despiertan de su letargo los perezosos folículos, se producirán de nuevo suficientes estrógenos, y el estatus hormonal volverá a tener una plena normalidad.

Las hormonas sexuales femeninas

El ciclo menstrual no sólo tiene efecto sobre los órganos típicamente femeninos, como son los ovarios, el útero y el pecho, sino que también influye en todo el organismo, empezando por el metabolismo y pasando por el sistema circulatorio y hasta llegar al balance hídrico. El síntoma más nítido es la temperatura corporal, que tras la ovulación asciende entre 0,4 a 0,6 ºC. También, además de su función en el acontecimiento cíclico, las hormonas sexuales femeninas tienen una gran importancia.

> Un test hormonal se debe realizar varias veces para poder determinar con exactitud el comienzo del climaterio.

¿Qué regula cada hormona?

- LOS ESTRÓGENOS influyen en la distribución del tejido adiposo y caracterizan, por eso, la típica imagen femenina. Tienen un efecto estimulante sobre la irrigación sanguínea y el abastecimiento de fluidos de todos los tejidos, protegen los vasos sanguíneos, elevan la tensión arterial y aportan el efecto de despejar el ánimo.

  También son importantes para la salud de los huesos, ya que apoyan la absorción del calcio a través del intestino y estimulan simultáneamente la producción de calcitonina, una hormona tiroidea que evita la excesiva eliminación de calcio.

- LA PROGESTERONA participa, conjuntamente con los estrógenos, en la regulación de todas las funciones de la reproducción femeninas. Determina la transformación del endometrio en la segunda mitad el ciclo y se ocupa, independientemente de los estrógenos, de la elevación de la temperatura que tiene lugar después de la ovulación. En la jerga

médica esta acción se designa como el efecto termogénico de la hormona.
- LA PROLACTINA es la más importante «hormona de los senos». No sólo es la responsable del comienzo de la producción de leche tras el parto, sino que también estimula el crecimiento de las glándulas mamarias. Durante el climaterio, en interacción con la progesterona y los estrógenos, participa en la reorganización del tejido mamario.

> Hombres y mujeres poseen parte de hormonas femeninas y otras masculinas, que, según su predisposición, están más o menos marcadas. En el climaterio, en el caso de las mujeres, aumenta la proporción de las hormonas masculinas a causa del descenso del nivel de estrógenos, por lo que tiene lugar, por ejemplo, un ligero crecimiento de la barba.

También las mujeres necesitan testosterona

Junto a las hormonas sexuales femeninas, en el cuerpo de la mujer también se forman hormonas masculinas, sobre todo testosterona, que juegan un papel importante en el transcurso del ciclo. En el climaterio ganan un significado suplementario. En esta época se llega a una drástica reducción de la producción de estrógenos en los ovarios (se genera aproximadamente el 10% de la cantidad inicial) mientras que la proporción de las hormonas masculinas desciende en tan escasa medida que el equilibrio hormonal se desplaza en dirección «masculina». De este puede surgir el nacimiento de algunos pelillos de más en el labio superior. Pero el cuerpo sabe utilizar este cambio para, al menos en parte, equilibrar la carencia de estrógenos.

La carga de los kilos

Existe un motivo para que en la segunda mitad de la vida la acumulación de grasa en las caderas sea mayor que antes: el cuerpo la utiliza para ganar estrógenos.

> Haciendo una comparación a nivel mundial, las japonesas, de acuerdo con sus propios datos, son las que menos sufren por trastornos causados por el climaterio. Los científicos lo atribuyen a una alimentación rica en estrógenos vegetales, sobre todo por la soja.

Las mujeres menopáusicas con sobrepeso tienen más hormonas sexuales femeninas que sus compañeras de sexo más delgadas. Los kilos adicionales tienen por ello un efecto paliativo de los trastornos del climaterio y, en cierto modo, previenen de la carencia de estrógenos que provocaría enfermedades como la osteoporosis o incluso el Alzheimer.

A pesar de todo, puede ocurrir que no resulte beneficioso para la salud. El sobrepeso, en ocasiones, puede constituir, por ejemplo, un factor de riesgo para los trastornos cardiocirculatorios así como para el cáncer de mama, de útero y de ovarios. Merece la pena, por tanto, hacer esfuerzos por conservar una buena silueta.

> Las mujeres rellenitas no sienten, o lo hacen en una medida muy pequeña, modificaciones externas en cuando a su pecho. Las mujeres más delgadas, por el contrario, lo notan más claramente. Sus senos se hacen más pequeños.

Irregularidades en el ciclo

Con los cambios que provoca el climaterio en el balance hormonal, ocurre que en al menos el 90% de todas las mujeres el ciclo menstrual está señalado por espacios más largos. De modo contrario a lo que quizá se creería en cuanto a la menopausia, no siempre se señalan ciclos más largos y menstruaciones más débiles, sino que, por el contrario, en muchas mujeres el ciclo primero se reduce y llega a durar tan sólo 20 días. Ocasionalmente también aparecen menstruaciones marcadamente copiosas y duraderas.

Las alteraciones típicas

Para superar angustias supone una gran ayuda conocer en cada caso las relaciones existentes. En caso de duda se recomienda, por regla general, una visita al ginecólogo, aunque sólo sea para que se te calmen los nervios. Cuando realmente sepas que tus síntomas están asociados claramente al climaterio y que, por ello, no resultan nada extraordinario, podrás enfrentarte a ellos con mayor tranquilidad.

Ciclos acortados

Si surgen trastornos de maduración de folículos condicionados por la menopausia, la ovulación se retira por completo o bien el óvulo es expulsado antes. La producción de estrógenos disminuye considerablemente. La consecuencia es una menstruación que aparece anticipadamente.

Las mujeres de la misma familia tienen, a menudo, experiencias similares en lo que se refiere a la menopausia.

Ciclos más largos

A veces un folículo evoluciona desarrollándose hasta la maduración, pero llegando a trabajar sin descanso en lo que se denomina una alteración pseudoovulatoria. Esto significa que no tiene lugar ninguna ovulación. A pesar de ello se produce progesterona, de hecho durante un espacio de tiempo especialmente largo, ya que este tipo de folículo olvida rápidamente que, tras la ovulación, debe tener un lapso de vida que no debe sobrepasar las dos semanas. Mientras se siga esforzando en producir hormonas, pueden seguir manteniéndose síntomas premenstruales. Cuando, pasado algún tiempo, finalmente muere, aparece una hemorragia tardía y desaparecen los incómodos trastornos premenstruales.

> La menstruación no desaparece de repente en el climaterio, sino que es un proceso de modificación que discurre lentamente. Las menstruaciones irregulares van acompañadas de los típicos trastornos del climaterio, como son los sofocos o acaloramientos, las fluctuaciones anímicas o los trastornos del sueño.

Ausencia de la regla

Ocasionalmente también se puede llegar a una pseudomenopausia: en ella no madura ningún folículo dominante y, en consecuencia, los valores de estrógenos se mueven durante semanas, o incluso meses, en niveles muy bajos. El endometrio no se forma y, por ello, tampoco puede ser expulsado. Pero la hipófisis no se da por rendida tan rápidamente: produce la hormona de control, FSH, durante todo el tiempo hasta que por fin moviliza a un folículo. Con ello la producción de estrógenos comienza de nuevo y el endometrio se hace más denso. Finalmente se expulsa de un modo normal y comienza la hemorragia.

> Para no permitir que en la menopausia las lagunas de estrógenos resulten demasiado grandes, en primera instancia hay que ingerir una alimentación rica en verduras. Los fitoestrógenos allí contenidos son un excelente complemento de hormonas naturales.

Hemorragia uterina débil y pérdidas intermenstruales

Puede ocurrir que evolucionen incluso varios folículos, pero que ninguno sea dominante hasta el extremo de tener capacidad suficiente para conseguir la formación de progesterona. En estos casos el endometrio sólo está expuesto a la influencia de los estrógenos. Sin esta progesterona estimulante se desprenden pequeños fragmentos de mucosa y se llega a la hemorragia. El organismo intenta reparar los daños, por lo que interrumpe la hemorragia. Algún tiempo después la mucosa comienza de nuevo a desprenderse.

> La «hormona de la feminidad» regula la función de los órganos sexuales.

Hemorragias que persisten durante largo tiempo o son muy copiosas

Si no se produce la ovulación y se forman estrógenos, pero no progesterona, las glándulas del endometrio se dilatan a causa de los quistes. Si durante un espacio de tiempo largo se expulsa finalmente la mucosidad que se ha desprendido, se puede llegar a tener hemorragias especialmente copiosas y que se prologuen durante un largo espacio de tiempo.

¿Y qué más se modifica?

Como ya se ha descrito, los efectos del balance hormonal femenino no se limitan, en modo alguno, a los ciclos mensuales. En especial los niveles reducidos de estrógenos se hacen perceptibles a largo plazo, pues la hormona juega un papel primordial; por ejemplo, en la conservación de la piel y de las mucosas. Si se dispone de pocas hormonas, con el tiempo puede llegarse a una verdadera «inanición» de los tejidos.

La vagina

El riego sanguíneo ya no es tan bueno como lo fuera en tiempos, la mucosa se va haciendo cada vez más delgada y el cuello del útero segrega, claramente, menos mucosidad. En el caso de estimulación sexual, y en las mismas relaciones sexuales, la vagina ya no resulta estar tan húmeda. Los músculos de la vagina pierden elasticidad, lo que puede provocar un efecto negativo en la capacidad de percepción de las sensaciones sexuales. La forma en la que se puede conseguir un disfrute sexual sin perturbaciones se puede consultar a partir de la página 102.

> ¡Regálale a tu cuerpo la cariñosa atención que se merece!

Vejiga y uretra

Estos dos órganos, desde un punto de vista ontogénico, provienen del mismo tejido del que también está compuesta la vagina. En la medida en que baja el nivel de estrógenos, se relaja el tejido conjuntivo y la musculatura de la zona del tracto urinario inferior.

Para no llegar a inoportunos trastornos, como por ejemplo unas constantes ganas de orinar o problemas de incontinencia, se recomienda llevar a cabo un entrenamiento regular del suelo pelviano. Estos ejercicios, según las circunstancias, pueden ayudar cuando ya se ha llegado a trastornos masivos de ptosis (descenso) y hay que considerar la posibilidad de una operación.

El pecho

El pecho femenino reacciona de forma especialmente sensible cuando se producen modificaciones hormonales de cualquier tipo. Varias veces a lo largo de la vida se ven modificados: en la pubertad, durante el transcurso del ciclo mensual, durante los embarazos y, naturalmente, en el climaterio:

- El tejido glándulas se transforma en tejido conjuntivo y en él se almacenan de forma incrementada los tejidos grasos o adiposos.
- El pecho se hace más blando y comienza una época en la que adoptará forma de pera.
- Además, en muchas mujeres aparecen, en la segunda mitad de su vida, modificaciones benignas del tejido, las denominadas mastopatías, que, tras la menopausia, desaparecen por sí solas.

Las causas son muy variadas, pero siempre tienen que ver con un cambio del equilibrio hormonal; menos progesterona, demasiada prolactina y, de modo paradójico, a veces también muchos estrógenos, como puede aparecer en el climaterio por causa de una terapia de complemento hormonal.

> Resultan muy habituales durante el climaterio las hemorragias uterinas débiles (de mucosidad) y las pérdidas intermenstruales, pudiendo reaparecer a lo largo de ese periodo de tiempo.
> Sin embargo, y para tu mayor seguridad, lo mejor es aclarar los motivos y proceder a descartar afecciones como puede ser un mioma, la existencia de pólipos o un trastorno cancerígeno.

La piel

Ya desde antes de la aparición del climaterio este órgano resulta afectado por los primeros signos de la edad. A partir de los 50 ya no es tan elástica, firme y suave como en los años jóvenes. Un reducido nivel de estrógenos es el responsable de que este proceso se acelere con la entrada en el climaterio. Finalmente esta hormona es la llave del balance de humedad en los tejidos. Si hay poca humedad, se produce una disminución del contenido de colágeno, con lo que la piel se hace más delgada, sensible y seca.

Los hábitos de vida beneficiosos para la piel (como puede ser la renuncia al tabaco, al alcohol, una alimentación rica en vitaminas, procurarse suficientes horas de sueño, y mucho aseo) no pueden detener el envejecimiento de la piel, aunque sí pueden reducirlo sensiblemente.

Los huesos

La composición de los huesos también se ve afectada por el cambio hormonal del climaterio. Si hay cantidades suficientes de estrógenos, se frena la disminución progresiva de la masa ósea. Esta masa está estimulada por las glándulas paratiroideas que se ocupan de extraer de los alimentos del intestino la mayor cantidad posible de la sustancia básica, que es el calcio.

Simultáneamente estimula también la producción de la hormona tiroidea calcitonina, que frena la desaparición de calcio en los huesos. Cuando más bajo sea el nivel de estrógenos, mayor será el riesgo de sufrir osteoporosis (reducción paulatina de la masa ósea). Un entrenamiento de esfuerzo controlado y regular y una alimentación rica en calcio mantienen la fortaleza de los huesos. También el contacto habitual con la luz del sol y del día puede servir de mucho, pues fomenta la producción de vitamina D que favorece la reabsorción del calcio del intestino.

> La osteoporosis se descubre en muchos de los casos, por desgracia, cuando ya ha ocurrido una fractura ósea. Los primeros síntomas de la enfermedad, como los dolores habituales de los miembros, el reumatismo de las partes blandas o la súbita aparición de dolores agudos se relacionan, a menudo y de modo erróneo, con otras causas.

Corazón y sistema circulatorio

Estas dos zonas se ven afectadas de forma indirecta por el climaterio. Los estrógenos tienen un efecto protector sobre el corazón y los vasos sanguíneos, de modo que las mujeres en edades jóvenes son, por este motivo y en muchos de los aspectos, más sanas que los hombres. Con el cambio hormonal del climaterio y con la disminución de la producción de estrógenos esta ventaja se va anulando cada vez más.

Visto desde un punto puramente estadístico, después de la menopausia aumenta considerablemente el número de mujeres afectadas por infartos de miocardio y apoplejías cerebrales. Las causas son muy variadas: sin embargo como primer motivo se puede aceptar la doble carga que supone para una mujer la atención a su familia y al trabajo.

Con un programa antiestrés controlado, y con una alimentación equilibrada y rica en vitaminas, se puede alejar este riesgo y de ese modo contribuir a mantener durante más tiempo una buena salud evitando los daños duraderos.

El sistema nervioso vegetativo

La responsabilidad de transmisión de estímulos de control al cerebro recae sobre el sistema nervioso vegetativo, que, por medio de un balance, exige un equilibrio hormonal y reacciona contra los trastornos. Los «calores pasajeros», o sofocos, que aparecen durante el climaterio en casi la mitad de las mujeres, se atribuyen a este tipo de reacciones erróneas. Las infusiones, los remedios homeopáticos y los aceites esenciales pueden suponer un alivio en el que también puede participar una alimentación adecuada. Adicionalmente se puede suministrar magnesio y calcio como reconstituyente para los nervios, de modo que en épocas turbulentas los nervios no fallen en su actuación. Los productos integrales, las nueces, ensaladas y frutas son altamente ricos en estos minerales.

Ayudas de la naturaleza y la medicina
Tratar de un modo natural los trastornos del climaterio

Armonización del cuerpo y la mente gracias a la medicina naturista.

Mayor bienestar con la medicina naturista

Según el gran médico y precursor de la medicina moderna, Theophrastus Bombastus von Hohenheim, más conocido con el nombre de Paracelso (1493-1541), la naturaleza disponía de un remedio para cada trastorno. Y, de hecho, muchas hierbas y plantas (incluso aquellas que se clasifican como malas hierbas) tienen un sorprendente poder curativo. La medicina naturista con plantas, o «fitoterapia», conoce también numerosos vegetales que se pueden utilizar de forma especial para conseguir un equilibrio del déficit hormonal que provoca el climaterio. Suponen una buena alternativa para todas aquellas mujeres que padecen trastornos climatéricos y no quieren someterse a una terapia de complemento hormonal. También las pacientes que no pueden soportar, a causa de las contraindicaciones que ya se han comentado, un tratamiento de ingesta de hormonas, tras hablar con su médico y de acuerdo con sus circunstancias particulares, pueden decidirse por la opción que les ofrece el tratamiento con sustancias vegetales medicinales.

Aliviar la modificación hormonal

La aplicación de las plantas medicinales que a continuación se describen proporcionará unos apreciables resultados en cuanto al alivio de los trastornos provocados por el climaterio.

Cardo santo - cardo bendito
(Carduus benedictus)

Equilibra de forma suave las fluctuaciones hormonales, y carece de efectos secundarios. Simultáneamente actúa como colaborador en el abastecimiento de oxígeno al cerebro, por lo que está indicado para potenciar la memoria y la capacidad de concentración.

> La medicina naturista no supone una competencia hoy en día para la medicina convencional, sino que le sirve de complemento. Las dos tienen su razón de ser, y la medicina convencional se emplea allí donde la naturista ya no puede servir de ayuda, por ejemplo, en las actuaciones quirúrgicas o en el caso de enfermedades que supongan peligro para la vida.

Angélica china - Dong Quai
(Angelica sinensis, Angelica acutiloba)

Esta planta ya se utilizaba como medicina en la China desde hace más de 2.000 años y está considerada como un reconstituyente femenino por antonomasia. Contiene sustancias nutritivas para las glándulas femeninas, fortalece el útero y alivia las molestias típicas del climaterio. Debido a su efecto ligeramente potenciador de la menstruación, se debe prescindir de su ingesta en el caso de presentarse hemorragias especialmente copiosas.

Agnocasto - ajerobo - sauzgatillo
(Vitex agnus castus)

El agnocasto actúa sobre la hipófisis y sirve de regulador sobre las glándulas que producen las hormonas sexuales, por lo que rebaja los trastornos típicos del climaterio. Con esta planta se puede aliviar de forma especialmente notable la sensación de tensión en el pecho, así como también las fluctuaciones de calor o sofocos. Atención: esta planta actúa como inhibidora de la libido. Ya Dioscórides, médico y farmacólogo griego, informó que «la simiente de la planta moderaba el impulso del coito» y, por ello, los monjes se ayudaban de ella para poner en práctica su obligatoria abstinencia sexual; esta leyenda y su picante sabor hacen que también reciba el nombre de «pimienta de monje».

También hay que tener cuidado con los remedios vegetales

Las plantas medicinales activadoras de las hormonas contienen sustancias que nuestro organismo asimila, a menudo, mejor que los medicamentos sintéticos, pero, por el contrario, también pueden actuar sobre los mecanismos corporales en formas que, en ciertas ocasiones, pueden resultar imprevisibles para los profanos. Por este motivo se debe renunciar inexcusablemente a la automedicación. Lo mejor es remitirse a un homeópata especializado, que podrá decidir cual es el remedio adecuado para cada caso en particular.

Zarzaparrilla - uva de perro *(Smilax utilis)*

Tipo de enredadera sudamericana provista de aguijones que contiene compuestos previos naturales de progesterona y testosterona. Junto a su efecto general estabilizante, que actúa sobre el balance hormonal, sirve de alivio para síntomas como el déficit de energía, la carencia de iniciativa y el agotamiento, lo que permite sobrellevar la adaptación en una forma menos fatigosa. Lo mejor forma de administrarla es en combinación con el ginseng.

Ginseng *(Panax ginseng)*

En China, Japón y Corea, sus países de origen, la raíz disfruta desde hace milenios de un elevado reconocimiento como remedio reconstituyente, tanto para mujeres como para hombres y, por eso, en el lenguaje popular se le denomina «*remedio universal o hierba curalotodo*». Con su contenido de las sustancias activas de los estrógenos, la progesterona y la testosterona, el ginseng actúa como estabilizador del balance hormonal. Mejora, de forma simultánea, la vitalidad y la capacidad de rendimiento. En los compuestos ya preparados que se pueden adquirir en el mercado, el extracto de ginseng coreano (*Panax ginseng*) es el más efectivo. Los tipos de ginseng más económicos, como el *Panax quinquefolius* (ginseng americano) y el *Panax repens* (ginseng chino) son mucho menos efectivos.

Regaliz - paloduz -orozuz *(Glycyrrhiza glabra)*

El regaliz estimula las cápsulas suprarrenales y contiene sustancias del tipo de la cortisona semejantes a las de las hormonas de las cápsulas suprarrenales. Con ello colabora con la función de estas cápsulas para la posterior producción hormonal sustitutiva de la de los ovarios.

Atención: no se debe tomar en dosis demasiado elevadas, ya que su efecto de retención de líquidos puede causar una fuerte subida de la tensión arterial. No tomar en combinación con preparados de digital.

> En el caso de la planta del ginseng, es sólo la raíz la que se utiliza con fines medicinales.

Cimícifuga - raíz de culebra negra *(Cimicifuga racemosa)*

Ya los indios norteamericanos utilizaron esta planta medicinal como alivio para las molestias femeninas. Con el tiempo, y en base a investigaciones científicas, se ha ido comprobando su positivo efecto sobre los trastornos que ocurren durante el climaterio. Gracias a sus componentes similares a los estrógenos, los extractos de raíz de la cimicifuga controlan las fluctuaciones hormonales. Se alivian los sofocos, la piel y las mucosas quedan protegidas con mayor humedad y, gracias a su efecto sedante de los calambres, las menstruaciones son menos dolorosas. Simultáneamente disminuyen las alteraciones psíquicas y psicovegetativas como el nerviosismo, la irritabilidad, los malos humores depresivos, los trastornos del sueño y las palpitaciones. Cuando se padecen estos síntomas, aún se puede elevar más el efecto beneficioso de la cimicífuga si se ingiere en combinación con preparados de hipérico.

Menta de lobo *(Lycopus europaeus)*

La menta de lobo inhibe la función de la glándula tiroides y, de ese modo, actúa indirectamente en el contenido de estrógenos. De un modo libre de efectos secundarios, se observa una clara mejoría en los sofocos y la sensación de tensión en el pecho.

Estrógenos extraídos de las colmenas

La resina de propóleo y las sustancias producidas por las abejas obreras que sirven de alimento para la abeja reina de la colmena (jalea real) pueden utilizarse igualmente para el tratamiento y la prevención de los trastornos que se sufren durante el climaterio. Además de fitohormonas similares a los estrógenos, también contienen sustancias que activan la enzima aromatasa.

> Los remedios vegetales precisan, por regla general, de más tiempo que los preparados sintéticos para conseguir su pleno efecto curativo. A menudo hay que contar con espacios de ingesta de al menos 2 a 4 semanas, a menudo incluso de 4 a 6 semanas para que se pueda sentir un claro alivio. Por lo tanto no hay que esperar que la misma noche de la toma se vayan a sentir los efectos de mejora.

Esta enzima está contenida en el tejido adiposo de la mujer y del hombre y es apropiada para el cambio de la testosterona, la hormona sexual masculina, en los estrógenos femeninos. En concienzudas investigaciones que se llevaron a cabo en la Universidad de Viena, se demostró que, por medio de un tratamiento a base de coadyuvantes de los estrógenos extraídos de las colmenas, se podían aliviar, e incluso llegar a eliminar por completo, las típicas dolencias del climaterio como son la bajada de rendimiento, los trastornos del sueño, las depresiones, los dolores de las articulaciones y los sofocos. Simultáneamente estas hormonas naturales aportan un beneficioso efecto en el caso de la osteoporosis contribuyendo, además, a disminuir el proceso del envejecimiento. Con su ingesta también se puede mejorar la vitalidad y la capacidad de rendimiento de la memoria.

Ventajas de las hormonas naturales

El propóleo y la jalea real también son interesantes en otros aspectos: al contrario que los estrógenos sintéticos de sustitución, los preparados de las abejas no tienen ningún efecto negativo sobre el pecho o el útero, pudiendo aceptarse las tesis contraria, pues una investigación de origen australiano ha establecido que los estrógenos naturales pueden llevar a un descenso del riesgo del cáncer de mama que se puede llegar a evaluar en un 60%.

> Un medio que previene las fluctuaciones de calor o sofocos: el agnocasto o ajerobo o sauzgatillo.

Sin embargo y por motivos de seguridad, las personas alérgicas deben remitirse a otros remedios, pues el contenido de polen puede provocar, según las circunstancias particulares, severas reacciones de incompatibilidad. Como alternativa se ofrece el aceite de semillas de calabaza que, además, también se utiliza como activador de la enzima aromatasa.

> Las hormonas naturales pueden ser muy beneficiosas en el caso de algunos trastornos del climaterio, pero también existen otros cuadros clínicos que pueden verse afectados negativamente por la ingestión de estrógenos; entre ellos se pueden citar los miomas, los quistes en los ovarios o los tumores hormonalmente condicionados. Para un mayor margen de seguridad, lo mejor es consultar al médico.

Aliviar las dolencias con infusiones medicinales

Junto a la fitoterapia de activación hormonal que se ha descrito anteriormente, existen otras muchas plantas medicinales que pueden estimular las fuerzas de autosanación y con las que se podrá elevar el bienestar en esta fase de cambio hormonal. No sólo se presentan en gotas o grageas, sino también en forma de infusión. Estas formas de tratamiento, que resultan relativamente ligeras, son muy apropiadas para la automedicación.

Compensación homeopática hormonal

Especialmente previstos para el equilibrio del déficit hormonal condicionado por el climaterio, existen también estrógenos y gestágenos preparados homeopáticamente y que se pueden utilizar en el caso de trastornos agudos de los estados anímicos, incluso en tratamientos a largo plazo.

En muchos casos ocurre que el balance hormonal se estabiliza de un modo suave y natural, sin tener que afrontar los acusados efectos secundarios y los riesgos de una terapia de complemento hormonal como los que prescribe la medicina convencional.

Sin embargo no hay que proceder según el lema «cuanto más, mejor». Bebidas de un modo regular y durante prolongados espacios de tiempo, bastará con una o dos tazas al día de la infusión que elijas.

También la homeopatía puede servir de ayuda

Cuando las molestias del climaterio enturbian tu bienestar y esta época de cambios resulta muy laboriosa y cansada, además de la fitoterapia, también la homeopatía puede suponer un alivio y puede ayudar a que tu cuerpo utilice mejor sus reservas de energía. Si se rebasan durante mucho tiempo nuestros límites de esfuerzo físico y mental, el organismo deberá utilizar todas sus fuerzas para protegerse y para poner en marcha los mecanismos de reparación. La consecuencia es una vitalidad disminuida y por ello una elevada propensión a achaques de tipo psicosomático y, por supuesto, también para los síntomas del climaterio. Hay que intentar que el cuerpo recupere su orden interior. Para esta labor pueden servir de ayuda los remedios homeopáticos.

> Ya en el climaterio debes emplear tus fuerzas para disfrutar de la vida y no utilizar todas tus reservas de energía en el mantenimiento de la salud. ¡Déjate ayudar por la naturaleza!

Activar las fuerzas de autoayuda

El término «homeopatía» acuñado por su creador, el doctor Samuel Hahnemann (1755-1843), significa «curar con lo semejante», en contraposición a lo «diferente», la alopatía de la medicina convencional. Mientras que ésta actúa contra los síntomas, sin averiguar las causas, la homeopatía ayuda al cuerpo, como un compañero, a que, de forma guiada dirija sus fuerzas de autosanación sobre los sistemas que precisan de un equilibrio.

El camino con el que la homeopatía consigue esto puede parecer paradójico en primera instancia: cura las enfermedades con sustancias que en una persona sana producirían síntomas similares de enfermedad. La reconversión del efecto se efectúa por medio de un procedimiento especial de elaboración del medicamento, la denominada potenciación, por la que el material inicial se debe diluir tanto y de un modo tan exactamente definido que si se analiza el remedio terminado casi no se puede observar nada, o muy poca cantidad, de la sustancia original. En el contenido exacto de las prescripciones de dosificación se pueden llegar a administrar productos con alto grado de toxicidad.

> En la homeopatía lo más importante es el principio de la similitud *similia simillibus curantur* (lo similar se cura con lo similar) del doctor Samuel Hahnemann. Ya Hipócrates y Paracelso conocían las posibilidades de este método. También se utiliza en la medicina convencional, por ejemplo, la vacunación en ciertas terapias alérgicas.

Un procedimiento de elección altamente complicado

Si bien existen gran cantidad de manuales en los que se explica detalladamente el principio de Hahnemann, en el caso de los complejos cuadros sintomáticos típicos del climaterio casi no se puede avanzar sin una ayuda especializada. Cada mujer reacciona de forma distinta ante los esfuerzos y las exigencias de esta época y para que el tratamiento resulte eficaz, debe estar adecuado a las necesidades personales.

Así, los acaloramientos y sofocos en una mujer fuerte con rojas mejillas y con tendencia a la hipertensión arterial precisan de un remedio totalmente distinto al que se utilizaría en una mujer sensible y pálida que sufre un déficit de energía.

Para englobar todas estas diferencias, la homeopatía ha desarrollado un sistema muy complejo en el que la elección del medicamento adecuado no se realiza según los síntomas, sino según los denominados cuadros de remedios.[1] Estos cuadros se orientan a las particularidades físicas, psíquicas y mentales de la persona, por lo que para cada necesidad individual existe un preparado a la medida. Se debe disponer de cierta experiencia para poder llevar a cabo un eficaz tratamiento general. Si quieres ser tratada por un practicante o médico homeopático, primero debes asegurarte de que está especializado en homeopatía y que dispone de la suficiente experiencia para elaborar la anamnesis correspondiente y, además, que no sea parco en el empleo de su tiempo contigo.

> Los remedios homeopáticos son altamente efectivos, pero se deben ajustar exactamente a las necesidades personales de cada uno.

Mezclas preparadas

Para que el sistema de Hahnemann pueda ser utilizado en la práctica de un modo sencillo y accesible, los diversos fabricantes ofrecen los denominados complejos. En ellos se combinan varios remedios homeopáticos distintos de tal forma que son adecuados para el tratamiento general de determinados síntomas. Con estos preparados se regulan las típicas bajadas y subidas de los niveles hormonales asociadas al climaterio, de tal forma que los trastornos asociados al mismo

---
1. N. de la T. Contenidos en la obra de Hahnemann *Materia Médica Pura*.

se registran de forma muy diminuida o, en el mejor de los casos, ni siquiera aparecen. También aquí hay que tener en cuenta la correcta elección del preparado y hay que dejarse aconsejar por el naturista o por el médico que trabaja utilizando métodos naturistas.

> Deben tomarse precauciones en el caso de determinados aceites esenciales, pues pueden anular la efectividad de la medicina homeopática. Entre ellos está, por ejemplo, el aceite de menta y el de eucaliptus, contenidos en muchas pastas dentífricas. En el caso de un tratamiento homeopático hay que tenerlo muy en cuenta a la hora de utilizar estos productos.

Coadyuvantes de los estrógenos en la alimentación

Junto a los métodos de tratamiento antes descritos, se puede colaborar con nuestro organismo de forma muy natural en su lucha frente al cambio hormonal: por medio de la alimentación. Existen una gran cantidad de frutas, hortalizas y verduras que poseen una suficiente provisión de los denominados fitoestrógenos (el primer término vegetal de los estrógenos), que son transformados por las bacterias del intestino en hormonas sexuales, de modo que el cuerpo, a través de la alimentación, puede compensar el déficit hormonal provocado por el climaterio. Un estudio británico ha dado como resultado que en el caso de mujeres menopáusicas el nivel de estrógenos se eleva en un 40% si en la aportación de calorías diarias se mantiene durante 14 días que un 10% sea a base de alimentos ricos en fitoestrógenos.

Soja, la receta secreta de Asia

En su tierra de origen, las semillas de soja *(Glycine max)* constituyen uno de los medios alimenticios más importantes. Independientemente que se trate de salsa, brotes o tofu, en todos los casos la soja es muy recomendable debido a su alto contenido en valiosas proteínas vegetales. Estudios comparativos sobre el estado de salud de diferentes pueblos señalan otros beneficios: las mujeres asiáticas no conocen los trastornos del climaterio.

> Los siguientes alimentos tienen un elevado contenido en fitoestrógenos: dátiles, patatas, avena, ñame, zanahorias, pimientos, cerezas, granadas, ajos, tomates, aceitunas, manzanas, semillas de soja y berenjenas.

Además se registra simultáneamente una baja propensión a la formación de tumores asociados a las hormonas, como puede ser el cáncer de mama, y al padecimiento de la osteoporosis. Es interesante constatar que estas ventajas se neutralizan tan pronto como, al adquirir hábitos de alimentación occidentales, nos alejamos de los alimentos ricos en soja. El efecto protector aportado por las semillas de soja se debe a la gran cantidad de fitoestrógenos allí contenidos, las denominadas isoflavonas. Con su ayuda se pueden controlar los niveles carenciales de hormonas sin tener que afrontar los peligrosos efectos de los estrógenos (pues pueden ser causantes de una elevación del riesgo de cáncer). Esto reside en el hecho de que la variante vegetal se incorpora al organismo a través de unos canales receptores distintos a los que utilizan los preparados hormonales sintéticos o los estrógenos propios del cuerpo.

Hormonas de sustitución adquiridas en el herbolario

Después de la menopausia, en tu lista de la compra no deben faltar nunca los productos de soja. Muchas mujeres europeas no toleran la soja y reaccionan ante ella con una intensa flatulencia. Tampoco resulta agradable para todas el sabor de este alimento asiático. Para conseguir una cantidad efectiva de sustancia activa evaluada en 40 a 50 miligramos de isoflavonas se hace necesario un consumo diario de 200 gramos de tofu o medio litro de leche de soja, por lo que, a pesar de los inconvenientes que eventualmente debas soportar, nunca debes prescindir del consumo de la soja. Además, sus útiles semillas se pueden adquirir en el comercio en formato de cápsulas y servirte de ellas como un complemento alimenticio. Especialmente beneficiosos son los preparados basados en una combinación de soja y linaza, que contienen la denominada lignina, sustancia con una estructura similar a los estrógenos por lo que contribuyen a una suave estabilización del balance hormonal.

Mejor efecto por una buena digestión

Los fitoestrógenos son adaptados en el proceso de digestión por medio de las bacterias de la flora intestinal de tal modo que puedan ejercer un efecto positivo en el organismo. Si la flora intestinal está debilitada, por ejemplo por la ingesta de antibióticos o por una diarrea, las substancias de protección no se activan en cantidad suficiente. Por ello es de gran importancia una buena digestión. Para la óptima transformación lo mejor es tomar las hormonas vegetales varias veces a lo largo del día.

¿Hormonas como remedio milagroso?

Hace algunos años los preparados de hormonas eran alabados eufóricamente como una especie de fuente de juventud para la mujer. Renunciar durante el climaterio a tomar hormonas de sustitución hubiera sido, en aquellos tiempos, como privar al cuerpo de las vitaminas que le son necesarias para la vida. Y, de hecho, una vez que se había encontrado el preparado adecuado, se podían controlar perfectamente bien los trastornos típicos del climaterio.

> El tofu, los brotes y gérmenes de soja y, naturalmente, la fruta y las verduras frescas contienen fitoestrógenos naturales.

Sin embargo la euforia ha remitido y muchos estudios científicos han mostrado el riesgo que tiene este tipo de terapias. Sobre todo su posible conexión con un elevado número de cánceres de mama ha llevado a la discusión en medios profesionales de la denominada sustitución hormonal. Está claro que los preparados de hormonas deben ser prescritos con una cuidadosa e individual ponderación de sus ventajas e inconvenientes y sólo en el caso de trastornos realmente masivos. No obstante hoy en día los médicos prescriben un tratamiento hormonal diez veces más a menudo que en 1985. En los Estado Unidos y en Inglaterra estos medicamentos son ingeridos por muchas más mujeres que en Alemania.

> Para la terapia de complemento hormonal general existen productos en forma de comprimidos, gotas, inyecciones o parches. Para su aplicación local como, por ejemplo, la sequedad vaginal, existen preparados adecuados que se administran como pomadas, geles, óvulos o supositorios.

Una decisión nada fácil

En definitiva, en ti reside la última decisión de realizar una terapia de complemento hormonal o renunciar a ella. Lo mejor es que te informes de las ventajas e inconvenientes de este tipo de terapia y cuantas más explicaciones dispongas más fácil será para efectuar tu elección. Déjate aconsejar por un médico y habla abiertamente de tus angustias y vacilaciones. Escucha tu voz interior y déjate guiar por tu intuición. Entender que no sólo son los médicos y especialistas los que saben lo que es bueno para ti forma parte del proceso de aprendizaje y emancipación del climaterio.

Existen alternativas

Algunos ginecólogos recomiendan un tratamiento hormonal como medida preventiva, pero, sin embargo, antes de decidirte por uno de estos tratamientos debes pensar que muchos de los trastornos del climaterio también se pueden tratar por métodos alternativos, como la fitoterapia, la homeopatía o la alimentación rica en fitohormonas. Antes de tomar hormonas de sustitución, se recomienda intentarlo primero con estas alternativas terapéuticas más naturales y libres de efectos secundarios. Como médico convencional, el ginecólogo no resulta ser a menudo quien mejor te pueda aconsejar sobre terapias alternativas. Te ayudará más un buen homeópata o un médico naturista.

> No se puede dar una recomendación general para la terapia hormonal de sustitución. Junto a sus claras y demostrables ventajas, existen diversas experiencias prácticas contradictorias sobre los riesgos sufridos por algunas mujeres durante el tratamiento.

Tomar las estadísticas con precaución

Los defensores de la terapia de sustitución hormonal aluden reiteradamente a las estadísticas de estudios científicos como fundamento para elaborar su opinión. De hecho resulta sorprendente la afirmación de que gracias a la ingesta de hormonas sintéticas se reduce la cantidad media de casos de osteoporosis o de infartos de miocardio, y que también se pueden impedir otras enfermedades como, por ejemplo, el Alzheimer.

Los enemigos de la terapia de complemento hormonal traen a colación, por su parte, otras cifras estadísticas y replican que los preparados hormonales pueden elevar el riesgo de cáncer de mama o de útero. Si utilizas las estadísticas para encauzar tu punto de vista en uno u otro sentido, siempre debes pensar que la base de la estadística debe estar fundamentada en la edad. Además no se toman en cuenta otros factores importantes, como por ejemplo determinados hábitos de vida (fumar, alimentación, etc.), el ejercicio físico o el estado de salud psíquica. Este hecho hace que se puedan dar graves alteraciones de los resultados. En casos extremos, con las estadísticas sólo se podría justificar una parte de lo que constituye la realidad. Lo realmente decisivo es la situación personal de cada persona.

Encontrar el método de tratamiento adecuado

Los trastornos del climaterio se pueden aliviar en muchos casos con formas terapéuticas naturales. Si no se consigue con ellas, una alternativa útil podría residir en el tratamiento hormonal de sustitución. Sería erróneo renunciar a ellas por mantener a ultranza una fidelidad exagerada a la medicación suave. No obstante, tampoco ese tratamiento hormonal debe ser considerado como una panacea.

Hormonas de sustitución «conjugadas» y «naturales»

El objetivo de una terapia de sustitución (expresión médica para la terapia de complemento hormonal) es amortiguar los trastornos del climaterio, así como la carencia de estrógenos que va asociada al fenómeno de la edad, a base de la administración de preparados a base de hormonas. Existen dos variantes distintas de tales preparados:

- Estrógenos «conjugados»: se consiguen de la orina de yeguas preñadas y por ello se llaman estrógenos de origen equino. La desventaja de este preparado es que contiene diversas variantes de hormonas que no aparecen en esa forma en los humanos y por ello sólo pueden ser eliminadas muy lentamente por el organismo, lo que supone una carga relativamente elevada para el hígado. En los análisis correspondientes, estas hormonas, extraídas de la orina de yeguas, seguían apareciendo en la sangre de las mujeres tres meses después de haberlas dejado de tomar.
- Los estrógenos «naturales»: se trata de sustancias que están creadas, en parte o totalmente, de un modo sintético, si bien tales hormonas se corresponden con las que existen en el cuerpo humano y por ello no son tan dañinas para el hígado. Se descomponen pasados tres días y por ello no dejan rastro en la sangre.

> Las irregularidades agudas en el balance hormonal pueden ser equilibradas de forma óptima con medios homeopáticos sin, por ello, tener que sobrecargar en demasía al organismo.
> Debes consultar con tu médico u homeópata sobre el remedio que mejor se ajuste a tus necesidades.

Los preparados combinados disminuyen los riesgos

Existen diversos estrógenos que se diferencian entre sí por sus efectos. Los estrioles y estradioles obtenidos de forma química tienen generalmente mayor efecto que los estrógenos conjugados y por ello se deben administrar en dosis más bajas. El estriol tiene un efecto más débil que el estradiol.

> Algunos médicos ven en la terapia de complemento hormonal un tipo general de medidas de prevención contra la osteoporosis y las enfermedades del corazón y el sistema circulatorio. El efecto de protección comienza una vez transcurridos siete años de una toma regular, por lo que un tratamiento con preparados de hormonas que se haga a corto plazo resulta en todo caso más nocivo que beneficioso.

Tienen menos efectos secundarios, pero, por ejemplo, no son apropiados para la prevención de la osteoporosi. En la terapia de complemento hormonal por regla general no se administra los estrógenos aislados, sino que siempre se hace en combinación con gestágenos (es decir, progesterona sintética), ya que ejercen un cierto efecto inhibidor sobre el elevado riesgo de incremento celular patológico que acarrea la toma de estrógenos.

> Es muy importante una explicación detallada emitida por el médico en lo que se refiere a las enfermedades más severas que se pueden producir en el climaterio, como podría ser la osteoporosis.

Una nueva generación: estrógenos de diseño

Se sigue investigando constantemente en el ámbito de la terapia hormonal. El resultado es que junto con los estrógenos de complemento que se han descrito anteriormente, conjugados y sintéticos, desde hace poco tiempo existe un nuevo tipo de sustancias de control que se denominan SERM (Selective Estrogen Receptor Modulators). Con la ayuda de estas sustancias de control se puede conseguir frenar la reducción de masa ósea en mujeres afectadas, sin tener que aceptar por eso un elevado riesgo de cáncer de mama o excrecencias en el endometrio. Pero este nuevo preparado no está totalmente exento de efectos secundarios ya que, como los estrógenos, esta sustancia también eleva el peligro de trombosis así como el riesgo de la aparición de enfermedades de la vesícula biliar.

¿Cuándo no se debe, bajo ningún concepto, tomar preparados hormonales?

- En el caso de enfermedades o lesiones hepáticas (como, por ejemplo, la hepatitis aguda o crónica).
- En el caso de trombosis venosas recientes o una reconocida y elevada predisposición a la trombosis.
- En el caso de cáncer de mama, ovarios o útero condicionado por hormonas.
- En hemorragias menstruales no explicadas.
- Tras un ataque de apoplejía.
- En el caso de trastornos hereditarios en el metabolismo de las grasas.

La terapia de complemento hormonal

Los preparados hormonales son medicamentos altamente efectivos que, sin excepción, deben ser administrados exclusivamente bajo receta médica. Deben ser prescritos por el médico únicamente después de haber realizado exhaustivos análisis y poner en claro, explicándolos, todos los riesgos existentes. Además son necesarios controles regulares: junto a la comprobación de los valores de tensión arterial, lípidos y hepáticos, se debe hacer un frotis uterino. Durante la toma de hormonas, cada 6 o 12 meses debes realizar un análisis preventivo para el reconocimiento precoz del cáncer de mama.

> Muchas mujeres reaccionan ante determinados preparados hormonales con intolerancia, y hay que experimentar previamente antes de encontrar el remedio adecuado. Algunos posibles efectos secundarios son los dolores estomacales, el malestar, la hinchazón dolorosa del pecho, el aumento de peso y los dolores de cabeza.

No deja de resultar problemática la fase del cambio

Las empresas farmacéuticas ofrecen gran cantidad de preparados cuya tolerancia individual depende, de un modo parecido a la píldora antibaby, de la combinación y la dosificación de las hormonas allí contenidas. Un tratamiento hormonal debe adaptarse siempre a las circunstancias personales de cada mujer. Incluso un médico especializado no tiene por qué encontrar a primera vista el preparado adecuado. A menudo son necesarios varios intentos para conseguir una medicación eficaz, por lo que este tiempo de adaptación es vivido por la mayoría de las mujeres afectadas como bastante penoso.

Terapia hormonal de sustitución: lo que hay a favor....

- Si se ha encontrado el preparado adecuado para unas necesidades individuales y para una situación especial, las dolencias típicas del climaterio (menstruaciones irregulares, fluctuaciones de calor, arrebatos de sudoración, trastornos del sueño, etc.) quedarán bajo control. Sin embargo este efecto está limitado temporalmente: si se interrumpe la toma del preparado regresarán los trastornos.

> Aun ingeridas en pequeñas dosis, las hormonas son sustancias muy efectivas que intervienen afectando el mecanismo regulador del cuerpo. Por lo tanto debes aprender a conocer perfectamente tu cuerpo y a comprobar regularmente las modificaciones que en él se producen.

- Algunos estudios atribuyen a los preparados de estrógenos un efecto protector sobre las coronarias, pero otras investigaciones afirman lo contrario. Así, el estudio americano Hers determinó, en preparados de estrógenos-gestágenos ingeridos durante 4 años en contraste con placebos, que en el primer año de tratamiento no existía efecto protector, elevándose el riesgo de trastornos del corazón y el sistema circulatorio. Tal riesgo desaparece en ingestas prolongadas.

> Las hormonas pueden producir modificaciones en el pecho y afectar también al peso.

- Los preparados combinados de estrógenos y estrógenos-gestágenos pueden favorecer la reconstitución ósea, por lo que tienen un efecto beneficioso contra la osteoporosis. Sin embargo este efecto también se puede conseguir por medio de una alimentación rica en calcio y fitohormonas además de mucho ejercicio.
- Los problemas vaginales y de vejiga que se derivan de la carencia de estrógenos, así como las perdidas de orina al estornudar, toser o en esfuerzos corporales, que sufren muchas mujeres durante el climaterio, se pueden mejorar de un 40 a un 70% de los casos mediante una terapia de estrógenos.
- Si bien los estrógenos no juegan un papel importante para la función del metabolismo cerebral, parece ser que existe una conexión entre la carencia de estrógenos y la aparición de la enfermedad de Alzheimer. Esto puede residir en el hecho de que los estrógenos influyen en los vasos sanguíneos del cerebro de un modo igual de beneficioso que en las coronarias. Todavía no se ha demostrado científicamente si, efectivamente, existe este efecto protector.

> Tras una eliminación quirúrgica de los ovarios antes del climaterio, es útil llevar a cabo una terapia hormonal; lo mismo vale para una menopausia prematura, es decir, antes de los 45 años; en osteoporosis o sofocos es mejor no abordar otro tipo de tratamiento.

.... y lo que hay en contra

- Ha quedado demostrado que los estrógenos pueden contribuir al desarrollo de enfermedades como el cáncer de mama o de ovarios. Un estudio publicado recientemente, realizado por el Bremer Institut für Präventionsforschung und Sozialmedizin (BIPS: Instituto de Bremen para la Investigación de la Prevención y la Medicina Social, Alemania), en colaboración con el Wissenschaftlichen Institut der Allgemeine Ortskrankenkasse (WIdO: Instituto Científico de la Caja Local del Seguro de Enfermedad), ha llegado a la conclusión de que una parte esencial de los nuevos registros de enfermedades en este ámbito se deducen de la puesta en práctica de terapias hormonales. Especialmente afectadas resultan las mujeres que, para prevenir enfermedades crónicas, han tomado hormonas durante años. Para disminuir el riesgo, hoy en día sólo se administran los estrógenos en combinación con hormona del cuerpo lúteo (progesterona natural o la variante sintética de gestágenos). Con esta combinación se inhibe el efecto favorecedor de crecimiento de los estrógenos.

> Es desaconsejable la terapia de complemento hormonal tras una operación quirúrgica de cáncer de mama o útero, en caso de miomas de útero, epilepsia y en casos severos de diabetes, cuando hay tensión arterial alta así como después de una trombosis o embolia.

- La progesterona y los gestágenos que se prescriben de modo cíclico (es decir, 10 a 14 días de cada mes en paralelo con a una terapia de estrógenos) encierran una severo inconveniente: la mayoría de las mujeres padece, en la semana de suspensión de la toma del preparado, una hemorragia e incluso calambres. Para evitarlo, algunos fabricantes han sacado al mercado preparados combinados de estrógenos y progesterona con dosis más bajas, que deben ser tomados de modo continuado, por lo que no provocan estas hemorragias de privación.

- Parece que los gestágenos neutralizan parte de las ventajas que supone la terapia de estrógenos: pueden provocar cansancio y abatimiento, y que las mucosas pierdan grosor, con irritación de la vejiga y sequedad o infecciones vaginales.

> No se puede engañar a la edad a base de emplear hormonas. La terapia puede ser muy útil en el caso de determinados trastornos, pero su labor resulta reducida si se pretende que actúe contra el proceso de envejecimiento.

- Da igual que se suministren solos o en combinación con hormona del cuerpo lúteo: bajo cualquier forma de administración, los estrógenos pueden favorecer la formación de cálculos biliares. Hay que ser muy cuidadoso, en especial en mujeres que han experimentado varios embarazos, y que, por ello, tienen un mayor riesgo. Lo mismo cabe decir para mujeres con un notable sobrepeso.
- Existen diversos estudios que han arrojado la conclusión de que la toma de hormonas tiene como consecuencia una elevación del riesgo de trombosis y embolias.
- Aun cuando las investigaciones científicas a largo plazo no lo prueben claramente, muchas mujeres padecen una sensación de engordar cuando toman estrógenos. El hecho es que los estrógenos fijan más los fluidos en los tejidos y por ello se puede llegar a una retención de líquidos o a un aumento de peso. Además los gestágenos tiene un poder estimulante del apetito, y esto repercute posiblemente en el peso del cuerpo (un hecho que en esta época tan sensible puede servir de pérdida adicional de la confianza de la mujer en sí misma). También las «piernas pesadas» y la tensión en el pecho constituyen efectos secundarios comunes de los preparados hormonales.
- Una de cada diez mujeres muestra reacciones de intolerancia a los preparados de hormonas, de tal modo que, de acuerdo

65

con las circunstancias, se deben probar varios medicamentos hasta encontrar el adecuado. Durante la fase de transición, que puede durar incluso meses, las afectadas padecen muchas veces de fuertes trastornos. Puede llegar a ocurrir que no exista un final feliz para la búsqueda del tratamiento adecuado.
- En el caso de la utilización de parches hormonales, los denominados parches transdérmicos, puede ocurrir que las mujeres sensibles reaccionen alérgicamente frente al pegamento utilizado o el material del parche.

> Los preparados de hormonas no son la panacea, aun cuando la piel, a corto plazo y debido a la acumulación de agua, resulte más fina y tersa. El efecto desaparece una vez que se deja de tomar el medicamento.

Resumen: sólo tolerable para unas pocas

Junto a las posibles ventajas de una terapia de la sustitución o complemento hormonal, subsisten una gran cantidad de efectos secundarios que, en parte, pueden tener un efecto agravante. Cada vez son más los médicos especialistas que renuncian a estos métodos de tratamiento como medida a largo plazo para la profilaxis de la osteoporosis, de los infartos de miocardio o del Alzheimer. Solamente resulta indiscutible el tratamiento a corto plazo para el alivio de los trastornos agudos del climaterio.

> Las pastillas no son una solución en el caso de cansancio y abatimiento.

Saludable, atractiva y en plena forma

¡La edad no es problema a la hora de tener buen aspecto!

Preparada de pies a cabeza para la belleza: alimentación y cuidados para tus más elevadas exigencias.

Bella y en forma

Que nos hacemos mayores es algo innegable, aunque sí podemos influir en la forma de hacerlo. Si vigilamos de cerca nuestro cuerpo y lo mantenemos en movimiento y buena forma, interior y exterior, podremos seguir estando atractivas y saludables aun a una avanzada edad. Los efectos de un programa antiedad practicado regularmente no valen sólo para un mero plano exterior, pues la agilidad y la gimnasia ofrecen las mejores condiciones para disfrutar de la vida. Un aspecto externo atractivo favorece una saludable autoconfianza. Y eso lo vamos a utilizar en el climaterio.

> En amplios sectores de la población está muy divulgada la importancia que una alimentación equilibrada y rica en sustancias nutritivas supone para el mantenimiento a largo plazo de la salud y para nuestro consumo de energía. Sin embargo, son muchas las personas que comen demasiado, con prisa y con mucha grasa o sal o azúcar.

Más importante que nunca: una alimentación óptima

O bien un disfrute pleno de placer o una mera ingestión de alimentos. Resulta importante la forma en que, hasta ahora, te has comportado ante la comida y la bebida que hayas ingerido a lo largo de tu vida; ahora, en el climaterio, ha llegado el momento de examinar a fondo tus propios hábitos de vida. Con los años el cuerpo se arregla mejor con menor cantidad de alimentos, pero sigues necesitando las mismas, o incluso más, materias vitales y sustancias nutritivas que antes, y para que, proporcionándole a tu organismo todo lo que necesita para su salud, no incrementes tu peso en un kilo de más cada año, se hace necesario realizar una corrección de tu plan de alimentación. Las modificaciones de tu situación vital pueden hacer posible también un cambio en tus costumbres alimenticias. Si antes, por ejemplo, estabas de aquí para allá de la mañana a la noche y ahora estás menos agobiada, eso repercute en tus necesidades de alimentación. En ámbitos especializados se discute sobre si es más sana una comida sustanciosa o ligera, verduras crudas o ligeramente cocidas, alimentación de origen animal o cocina vegetariana. Pero, por suerte, ya no existen prohibiciones extremas, y por este motivo la comida sana no tiene nada que ver con renunciar a comer.

Las principales sustancias nutritivas

Proteínas

Las proteínas están formadas de aminoácidos y aparecen en los alimentos vegetales y animales. Utilizamos unos 25 aminoácidos distintos, de los cuales ocho, los denominados esenciales, no pueden ser generados por el organismo, por lo que deben ser ingeridos con la alimentación diaria. Solamente un tercio de nuestras necesidades diarias debe ser cubierto con alimentos animales (leche, productos lácteos, huevos, carne, pescado). La soja, las legumbres y los cereales son muy ricos en proteínas vegetales.

> ### El atractivo no es cosa de la edad
>
> La forma en la que cumplimos años y cómo nos vemos nosotras mismas tiene mucho que ver con nuestra felicidad. El mal humor y los pensamientos negativos nos dejan en tensión y apesadumbradas, melancólicas y con aspecto cansado. Por el contrario, una sonrisa interior contribuye a embellecernos. Una mujer que se siente bien consigo misma también está en armonía con el mundo que le rodea, lo irradia al exterior y resulta encantadora, independientemente de la edad que haya cumplido.

Ácidos grasos

Los ácidos grasos son importantes aportadores de energía para el corazón, el cerebro y los músculos. El organismo precisa además, para la producción de determinadas hormonas, del aprovechamiento de vitaminas liposolubles (A, D, E y K) así como para la construcción del tejido adiposo, que fija y protege a nuestros órganos. Especialmente saludables para el organismo son los ácidos grasos insaturados, simples o múltiples (aparecen sobre todo en la alimentación vegetal, en los aceites vegetales y en el pescado).

> Saludable de forma natural, la fruta es igual que esté exprimida o cortada.

Hidratos de carbono

Los carbohidratos son combinaciones químicas de uno, dos o más componentes de azúcar. Son importantes suministradores de energía (sobre todo para el cerebro y los nervios) y son indispensables para el aprovechamiento de otras sustancias alimenticias. Los carbohidratos complejos (por ejemplo, productos integrales, arroz natural, patatas, verduras, ensalada y fruta) se ocupan del equilibrio del nivel de azúcar en la sangre.

Fibras vegetales

Las fibras vegetales son componentes indigeribles aportados fundamentalmente por la alimentación vegetal. Permanecen bastante tiempo en el estomago y crean sensación de saciedad. Simultáneamente retrasan la disminución de los hidratos de carbono, estabilizando el nivel de azúcar en sangre. Las fibras vegetales elevan el volumen de las heces y estimulan la digestión. Pueden ser nocivas si se ingieren en grandes cantidades. Si se toman más de 80 gramos al día existe el riesgo de dilatación del intestino grueso.

> Para la determinación del peso normal los especialistas en nutrición han desarrollado el índice de masa corporal (abreviado IMC). Se calcula de la siguiente forma: peso actual del cuerpo en kilogramos dividido por el cuadrado de la altura en metros (IMC = $p/h2$). Entre los 45/55 años se acepta un IMC de 22/27, por debajo de 18 hay riesgo de escasez de peso, y por encima de 30 el de sobrepeso.

> ### Una mirada a la estadística
>
> Los expertos cuentan con cifras alarmantes: uno de cada dos ciudadanos alemanes está demasiado gordo, uno de cada cinco padece adiposidad, tal y como en lenguaje especializado, se llama a la obesidad patológica. El sobrepeso no sólo actúa negativamente sobre las sensaciones físicas y la autovaloración, sino que también eleva considerablemente el riesgo de algunas enfermedades como pueden ser la arteriosclerosis, la hipertensión, diabetes, osteoporosis y el cáncer.

Sustancias minerales y oligoelementos

Las sustancias minerales (calcio, potasio, fósforo, magnesio, sodio, cloruro, etc.) y los oligoelementos (hierro, yodo, cobre, fluoruro, cinc, manganeso, selenio, cromo, etc.) son imprescindibles para la formación y mantenimiento de huesos, dientes y tejido conjuntivo, participando en gran cantidad de procesos metabólicos. Además, por las sustancias minerales y los oligoelementos se deben activar muchas vitaminas, enzimas y hormonas, de modo que puedan llevar a cabo correctamente su misión.

Vitaminas

Las vitaminas son sustancias necesarias para la vida, pero nuestro organismo no es capaz de generarlas por lo que, de forma regular, se deben ingerir con la alimentación. Son imprescindibles para los procesos metabólicos del cuerpo, colaboran con el sistema inmunológico y mantienen nuestra capacidad de rendimiento. El consumo individual de vitaminas está regulado por nuestra salud, la actividad corporal, la carga de estrés y, no en última posición, por nuestra relación con los estimulantes. Unas son solubles (grupo B, ácido fólico, niacina, ácido pantoténico, biotina, C) contenidas en alimentos ricos en carbohidratos y que, si hay exceso, son fáciles de eliminar; las liposolubles (A, D, E, K) sólo se aprovechan cuando se ingieren con una pequeña cantidad de grasa.

> La sustancia activa del limón eleva el metabolismo de las proteínas y favorece el crecimiento celular.

Materias vegetales secundarias

Las materias vegetales secundarias tienen un efecto marcadamente positivo sobre la tensión arterial y el nivel de colesterol, destruyendo las bacterias, virus y hongos, fortalecen las fuerzas de autodefensa propias del cuerpo e incluso poseen un efecto de protección contra el cáncer. En esta categoría se encuentran sobre todo los colorantes tan divulgados en la flora. El carotinoide se encuentra en la fruta y la verdura amarilla, roja o verde (zanahorias, pimiento, tomate, albaricoque, guisantes, brócoli y espinacas), el flavonoide aparece en ciertos tipos de frutas y verduras amarillas, rojas, azules y violetas (cebolla, col, berenjenas, cerezas, manzanas así como bayas rojas y azules).

Agua

El agua supone aproximadamente un 60% de la masa corporal y es el principal constituyente del organismo humano. Extrae las sustancias nutritivas de los alimentos y las distribuye, a través de la sangre, por todas las células. Además se ocupa de que los productos de desecho que se generan durante el metabolismo sean eliminados por los riñones.

Materias vitales como complemento

Cuando te alimentas de forma variada y con alimentos que sean naturales, ingieres de forma automática una cantidad suficiente de la mayoría de las sustancias nutritivas y vitales.

Con la verdura, las patatas y legumbres, la fruta, el pan integral y otros productos con cereales, te aprovisionas de todos los aminoácidos e hidratos de carbono necesarios para el organismo. Los mariscos, los aguacates, la soja, las judías y las aceitunas aportan los importantes ácidos grasos insaturados. El queso, el yogur y el requesón satisfacen nuestras necesidades de calcio, existen otras sustancias minerales que se encuentran en suficiente cantidad en la verdura y las hortalizas y, por último, con una sal de cocina yodada o sal marina se puede garantizar el correcto abastecimiento de yodo a nuestro organismo.

Pero si en el pasado no has comido tan saludablemente, has estado sometida a mucha presión o tus células están agotadas por una enfermedad, de acuerdo con tus circunstancias, se puede elevar la necesidad de sustancias nutritivas, de tal modo que resulte muy aconsejable llevar a cabo una cura a base de complementos alimenticios.

> El término «complemento alimenticio» ya habla por sí solo: estos preparados son muy útiles en muchos de los casos para, por ejemplo, equilibrar el déficit de vitaminas, pero bajo ningún concepto pueden sustituir a una alimentación básica equilibrada y rica en materias vitales.

Vitaminas animales: pros y contras

En los productos animales hay un contenido de aminoácidos necesarios para nuestra vida superior al existente en los alimentos vegetales pero, por contra, también tienen más grasa, colesterol y purina (de cuyo metabolismo se genera el ácido úrico). Un exceso de purinas favorece la gota, la grasa y el colesterol elevan sus niveles en la sangre y aumentan los riesgos de tipo cardiocirculatorio. Limita tu consumo de carne y embutidos a dos veces por semana. Cambia cantidad por calidad, por ejemplo, comprando en carnicerías ecológicas.

Regular el balance de sustancias nutritivas

No es recomendable un autotratamiento no controlado con preparados a base de vitaminas y sustancias minerales. Para los profanos no resulta sencillo localizar dónde aparece realmente el déficit de sustancias nutritivas en el propio organismo. Muchas veces no sólo falta una vitamina o un oligoelemento, sino que la carencia es múltiple y, además, en una cierta proporción de cada elemento. Si existe un déficit en el aprovisionamiento de proteínas, no nos servirá de ayuda la ingesta de uno de tales preparados combinados. Las pastillas de calcio, si no se administran junto a una dosis rigurosamente controlada de magnesio y fósforo, no producen la estabilización ósea.

Disfrutar de la carne con moderación: seguirá sabiendo igual de bien que antes.

Sin embargo en los complementos alimenticios naturales como el alga espirulina, el zumo de aloe vera o en los extractos concentrados de frutas y verduras, las biosustancias aparecen en su combinación natural. De esta forma, y al contrario de lo que ocurre con la administración de sustancias independientes o de preparados sintéticos combinados, no se llega a los desequilibrios que se han nombrado anteriormente. En épocas de déficit como, por ejemplo, en el climaterio, puede resultar muy útil una revalorización de la alimentación diaria a base de estos productos.

Lista de comprobación de la alimentación

- **¿Qué sueles comer en el desayuno?**
  Nada □ 1 Punto
  Panecillos o cruasanes, mermelada,
  cereales de desayuno □ 3 Puntos
  Pan integral con requesón, muesli, fruta □ 5 Puntos

- **¿Qué es lo que más te gusta comer en las comidas principales?**
  Fruta, ensalada, verdura, patatas,
  productos integrales y lácteos, pescado □ 5 Puntos
  Carne magra preparada con poca grasa
  (pavo, pollo, vaca, ternera) □ 3 Puntos
  Vísceras, fritos, embutidos,
  platos preparados, comida rápida
  (comida basura) □ 0 Puntos

- **¿De qué está compuesta principalmente tu comida?**
  Carne o pescado □ 0 Puntos
  Patatas, arroz, verdura, ensalada □ 5 Puntos
  De todo lo anterior □ 3 Puntos

- **¿Qué grasa es la que más utilizas?**
  Mantequilla, manteca, grasa de coco ☐ 1 Punto
  Aceite de maíz o de girasol ☐ 3 Puntos
  Aceite de oliva, aceite de colza, aceite de
   semillas de calabaza o aceite de caldo ☐ 5 Puntos

- **¿Con qué frecuencia comes carne y embutido?**
  Nunca ☐ 5 Puntos
  De 2 a 3 veces por semana ☐ 4 Puntos
  A diario ☐ 0 Puntos

- **¿Con qué frecuencia comes pescado?**
  2 veces a la semana ☐ 5 Puntos
  Dos veces al mes ☐ 3 Puntos
  En raras ocasiones ☐ 1 Punto

- **¿De qué están compuestas tus comidas intermedias?**
  Bocadillos de embutido, hamburguesas,
   salchichas con curry y semejantes,
   dulces, patatas fritas ☐ 0 Puntos
  Fruta, yogur natural, bocadillos de pan
   integral ☐ 5 Puntos
  Barritas de muesli, yogur de frutas ☐ 2 Puntos

- **¿Con qué frecuencia comes fruta fresca?**
  Una vez al día ☐ 3 Puntos
  Varias veces al día ☐ 5 Puntos
  No de forma regular ☐ 0 Puntos

- **¿Cuántas comidas haces al día?**
  1 comida ☐ 1 Punto
  3 comidas ☐ 3 Puntos
  Más ☐ 5 Puntos

- **¿Cuánto comes?**
  Una pequeña porción que me he
     preparado con anterioridad   ☐ 5 Puntos
  La mayoría de las veces tomo una
     segunda ración   ☐ 1 Punto
  Me como todo lo que hay en la mesa   ☐ 0 Puntos

- **¿Cómo comes?**
  Con prisa   ☐ 1 Punto
  En una atmósfera relajada y tranquila   ☐ 5 Puntos
  Haciendo otras cosas (frente al televisor
     o el ordenador, conduciendo)   ☐ 0 Puntos

Evaluación

- **de 45 a 55 puntos:**
¡Continúa así! Comes realmente sano. Pero simultáneamente mantente abierta a nuevas sugerencias para una alimentación consciente y placentera.

- **de 25 a 45 puntos:**
Le concedes cierto valor a la selección de una alimentación adecuada, aunque de todos modos podrías mejorarla. Las recomendaciones contenidas en este libro te pueden ayudar a comer más saludablemente en el futuro.

- **Menos de 25 puntos:**
El cuerpo humano trabaja como un motor: sólo si le abasteces regularmente con el combustible adecuado podrá funcionar sin problemas. Coloca bajo la lupa y de un modo crítico tus costumbres alimenticias y déjate de pensar sólo en buenas intenciones. ¡Al fin y al cabo, se trata de tu salud!

Pequeños trucos para mejorar el balance alimenticio

La cocina italiana, la española y la francesa del sur no sólo tienen algo que ofrecer en lo referente a lo culinario, sino que, además, también son muy saludables. Los científicos atribuyen la mayor esperanza de vida, frente al resto de los europeos, de los nativos de la costa mediterránea a la circunstancia de practicar asiduamente unos hábitos de alimentación basada de forma suficiente en el pescado, la fruta fresca y la verdura.

> Los mayores problemas que se plantean al estómago y la digestión se van a producir por el consumo excesivo de azúcar, productos con harina refinada, alcohol, café fuerte, nicotina, comidas grasientas y, en muchos de los casos, demasiada sal.

Las pequeñas ensaladas que se sirven antes de cada plato principal mejoran considerablemente la ingesta de sustancias nutritivas y llenan en parte el estómago con productos carentes prácticamente de calorías. Además, en las soleadas zonas del sur se utilizan en la cocina muchas hierbas, ajo y aceite de oliva. Esto mantiene sanos y elásticos los vasos sanguíneos, lo que sirve de prevención para los riesgos de enfermedades cardiovasculares que ocurren durante el climaterio. Por ello debes darte el placer de consumir a menudo las recetas culinarias de estos países mediterráneos, bien yendo de vacaciones allí, pidiéndolas en los restaurantes o cocinándolas en tu propia casa.

Menos, a veces, es más

La verdura, las patatas, la fruta y los productos de cereales están situados en los primeros puestos de la lista de los alimentos saludables. Sin embargo, a menudo te apetecerán otros alimentos.

- Las grasas engordan y provocan arteriosclerosis, lo que favorece la aparición de enfermedades del corazón y sistema circulatorio. Según tus posibilidades, ahórrate las grasas visibles en la comida y la mantequilla, ya que las denominadas grasas ocultas en la leche y los productos lácteos, carne, pescado y huevos son suficientes para cubrir nuestras necesidades.

> La alimentación pobre en sustancias vitales tiene como consecuencia el cansancio y la carencia de energía. Lo mejor es que, para reponer el déficit energético que pueda surgir durante el climaterio, tomes mucha fruta fresca, verduras, yogur y todo tipo de productos integrales.

- Consumidas con exceso, las proteínas animales exigen un esfuerzo a los riñones. La carne y los embutidos de producción masiva contienen además sustancias dañinas para la salud (residuos de antibióticos, fosfatos etc.). Lo mejor es cambiar a productos lácteos como el yogur, las comidas con requesón o queso. También el pescado aporta vitaminas muy valiosas y es a la vez un buen distribuidor de materias minerales.
- Los dulces y las golosinas aportan predominantemente calorías inútiles. También la mermelada y las gelatinas contienen demasiado azúcar y pocas sustancias nutritivas. El azúcar moreno es mucho más sano.

- Si padeces de alta tensión arterial, debes tener muy en cuenta el consumo de sal. No debes sobrepasar, bajo ningún concepto, un consumo diario de 6 a 7 gramos (una cucharilla de té equivale a unos 5 gramos). Es mejor que uses hierbas y, en lugar de poner un salero en tu mesa, debes colocar una mezcla de hierbas.

> En el caso de un tratamiento homeopático, debes renunciar totalmente a las infusiones de menta, ya que el aceite esencial que contiene contrarresta el efecto del medicamento. Debes moderar el consumo de té negro o café, el de limonadas dulces o bebidas de cola.

Consejos para beber más sano

- Antes de las comidas bebe regularmente algo de zumo de limón o de vinagre de manzana diluidar en mucha agua. Esto favorece la producción de ácidos gástricos y protege al tracto digestivo de los gérmenes dañinos. Durante la hora de la comida no se debe ingerir mucho líquido, pues se diluyen los jugos digestivos.
- Procura ingerir una cantidad suficiente de líquido: lo recomendable son dos litros al día. Lo más recomendable es agua o zumos de frutas o verduras rebajados (lo mejor es recién exprimidos). También son saludables las infusiones de hierbas, pero no se deben consumir a litros a causa de las sustancias activas que contienen. Las infusiones de menta o de escaramujo, tomados en grandes cantidades, pueden provocar dolencias estomacales y provocar exceso de acidez. Dos o tres tazas de cada tipo se pueden toleran bien.
- No hay nada en contra de un vaso de vino durante la cena, incluso supone ventajas. Tanto el vino tinto como el blanco colaboran en la función gastrointestinal, mejoran la eliminación de materias tóxicas a través de los riñones, protegen los

vasos sanguíneos y, lo que es muy importante en el climaterio, elevan el ánimo y estimulan la producción de hormonas y el metabolismo del calcio, pero no debe tomarse más de cuarto de litro, ya que a partir de esa cantidad las ventajas de la ingesta de vino se transforman en inconvenientes (sobrecarga del hígado, peligro de adicción, etc.).
- Se deben evitar otras bebidas alcohólicas. La cerveza y las bebidas de alto contenido de alcohol engordan y, cuando tienen más de un 14% de alcohol, irritan las mucosas gástricas. Además una elevada ingesta de alcohol presupone también el riesgo de habituarse al mismo.

> En fases de la vida que te lo exijan, como puede ser en el climaterio, no se puede renunciar a un concepto global de alimentación unitario. Consume alimentos que sean lo más naturales posibles para, de esa forma, poder utilizar en tu provecho la fuerza del sol y la luz que están contenidas en los alimentos vegetales, elevando de ese modo tu bienestar.

Mantener el peso ideal, incluso en el climaterio

Con los años, a la mayoría de las mujeres les cuesta mantener siempre la línea. Por una parte, y debido a la creciente ralentización del metabolismo, año a año necesitamos menos calorías para mantener el metabolismo basal (es decir, las necesidades de energía del cuerpo en estado de reposo). Por otro lado, la hipófisis frena, a partir de los 40 años, su producción de hormonas de crecimiento para la eliminación de las grasas, la denominada somatotropina. En las mujeres en la fase del climaterio se modifica además la distribución de las células grasas, de tal modo que se alteran las proporciones corporales. En lugar de un talle delgado se da una perceptible tendencia a adquirir forma de pera. Pero si te identificas con determinados procesos de tu organismo, no sólo podrás mantener a raya tu peso, sino que incluso podrás perder algunos kilos. ¡Pero sin hacer dietas radicales!, que incluso son muy poco recomendables en los años jóvenes y, a partir de los 45, sólo conseguirás tener más arrugas y flaccidez de los tejidos.

> ### Elegir el tipo adecuado de deporte
>
> El entrenamiento de resistencia, como correr, caminar o la bicicleta son apropiados para casi todas las personas. En el caso de sobrepeso, estos deportes sólo son recomendables si el peso corporal no supone una sobrecarga. Así, al hacer jogging, pueden darse lesiones articulares, pues al pisar los músculos no soportan el peso. Montar en bicicleta, nadar o remar resultan, por contra, deportes ideales.

Factor de delgadez número 1: movimiento

Incluso las mujeres que son marcadamente activas tienden, a menudo, a reprimir su ritmo de ejercicios durante la segunda mitad de su vida. Se evitan cada vez más las acciones que puedan resultar fatigosas, se prefiere la comodidad, y la que siempre había sido perezosa, precisa aún de menos energía. En caso de ingerir la misma cantidad de alimentos, al cuerpo le sobrarán sustancias que colocará en los michelines. Los músculos son los motores de combustión interna más eficientes del cuerpo. Si no se les exige ningún esfuerzo, la totalidad de la producción de energía funcionará a medio gas. Una musculatura relajada puede hacer que hasta un cuerpo delgado pierda su forma. ¡Anímate! Sube escaleras, sal de paseo, monta en bicicleta o ve al campo, incluso puedes ponerte a limpiar las ventanas, todas son posibilidades que servirán para mantener tu silueta natural o para ponerte en forma.

> Hacer que, una vez al mes, un folículo madure y finalmente se provoque la ovulación cuesta al organismo femenino más de 300 kilocalorías diarias. Tras la menopausia, se reduce consecuentemente esta necesidad de energía.

Factor de delgadez número 2: estrés positivo

Cuando más exigimos a nuestro cuerpo, distribuimos más hormonas de estrés para colocarnos en un estado de máxima atención o de concentración. Para poder mantener este estado, el organismo quema más energía y, con ello, más grasa que si estuviera en reposo. Por ello es conveniente adoptar una saludable medida de estrés que, al estimularnos, nos aporta estímulos vitales y ayuda a reducir el sobrepeso. Pero cuando el estrés es contínuo, nos roba la energía vital y sirve de sobrecarga al cuerpo.

> En el gimnasio puedes realizar un entrenamiento bajo control profesional especializado y, además, puedes conocer a mucha gente.

Factor de delgadez número 3: frío

Las visitas a la sauna fortalecen las fuerzas de defensa propias del cuerpo y constituyen una agradable posibilidad de relajación, pero no son un medio para adelgazar. La pérdida de peso que se consigue lleva al organismo a un estado mínimo de reserva de líquidos que vuelve a su valor natural a base de beberlos. El sudor no puede hacer nada por los depósitos de grasa, que sólo se reducen gracias a la acción del frío. Para la producción de energía calorífica, el cuerpo debe elevar sus tasas de metabolismo, y para ello, recurre a sus reservas de carburantes. En el caso de un frío mantenido, se libera la grasa de las zonas en que está depositada. Por medio de los estímulos del frío se estimula adicionalmente la irrigación sanguínea de la piel, lo que tiene como consecuencia un refuerzo del suministro de sustancias nutritivas así como también de oxígeno. De este modo se mejora la respiración celular y se quema más energía. Por ello hay que utilizar el invierno como método auxiliar para adelgazar: sal lo más posible al campo, haz que en tu casa haya zonas con diversas temperaturas y no te tapes mucho por las noches, provocando que de vez en cuando te aparezca la clásica «piel de gallina». En verano puedes provocar estos estímulos a base de tomar baños refrescantes y duchas frías.

> Mantener la línea con *fatburner* (quemadores de grasa) y los «santos de las heladas».

Factor de delgadez número 4: proteínas y vitamina C

La somatotropina, hormona del crecimiento que elimina la grasa y es distribuida por la hipófisis durante el sueño, es una molécula gigante formada por proteínas. Para su formación se precisa gran cantidad de proteínas y vitamina C. Por ello, no

---

2. N. de la T. Se refiere a tres santos, san Pancracio, san Servacio y san Bonifacio, llamados «Santos de las heladas», cuyas festividades se celebran los días 12, 13 y 14 de mayo, de los que se afirma que «el Rey Invierno sólo habrá resultado abatido cuando hayan pasado sus tres traicioneros vasallos». En resumen, la autora quiere reincidir en el tema de «pasar frío» como remedio para mantener la silueta.

sorprende que la hipófisis tenga la mayor concentración de vitamina C de todo el cuerpo.

Para favorecer la producción de somatotropina, y de ese modo poner en marcha la distribución de la hormona de la esbeltez, se recomienda tomar, poco antes de irse a la cama, algo ligero como, por ejemplo 30 gramos de pescado o de tofu o cinco pastillas de alga espirulina, y beber además el zumo de un limón recién exprimido. A quien le resulte demasiado ácido, puede tomar un vaso de zumo de naranja con una cucharadita de extracto de acerola *(Malpighia punicifolia),* que se puede adquirir en el herbolario. En el caso de trastornos del sueño este piscolabis se deberá tomar una hora antes de irse a la cama, pues podría ocurrir que la acción de las proteínas contribuyera a dificultar tu sueño.

> Si no te gusta hacer deporte en solitario, en las asociaciones deportivas o en los gimnasios puedes buscar grupos de gimnasia o de yoga. Si el entrenamiento se hace acompañado, es más divertido.

Factor de delgadez número 5: frutas

La fruta no es sólo saludable, sino que también nos puede ayudar a mantener la línea. Especialmente buenos aliados de una línea esbelta son las frutas tropicales y meridionales, sobre todo la piña, la papaya y los higos. Contienen gran cantidad de enzimas, que son «los duendecillos» que hacen ponerse en funcionamiento el metabolismo y funden los kilos, de ahí que se les aplique el nombre de *fatburner* (quemadores de grasa). Un buen servicio en cuanto a la eliminación de los kilos que sobran los hacen los melones, los mangos y los pomelos. Ayudan al cuerpo en su trabajo de digestión y con ello contribuyen a que las sustancias nutritivas y la energía de la alimentación se utilicen directamente para elevar la vitalidad en lugar de constituirse en los depósitos de grasa.

Resumen: así obtienes una buena figura

- Evita el picoteo inconsciente. Si se hace mientras lees el periódico o ves la televisión, ingerirás una gran cantidad de calorías sin que te llegues a percibir de ello.
- Espera a comer hasta que realmente tu estómago te lo pida. De ese modo evitas una sobrecarga del aparato digestivo y vuelves a percibir una sensación de hambre totalmente natural. Tómate tu tiempo para las comidas y come sólo hasta que llegues a tener la sensación de que te has saciado por completo. Ten muy en cuenta las señales de tu cuerpo y te sorprenderá que se satisface con poco.
- Hazte una curva con combinaciones de harina refinada con grasa y azúcar: tartas, pasteles con nata, pasteles hechos con manteca, bizcochos rellenos de mermelada, hamburguesa con patatas, limonada para acompañar un perrito caliente... El cuerpo extrae la energía de los carbohidratos rápidamente convertibles de la harina y el azúcar y deposita la grasa directamente.
- Igual de poco propicia es la combinación de alcohol y grasa. Ambas cosas tienen casi el mismo valor calorífico, pero el alcohol no se puede almacenar en el cuerpo y por ello se quema de inmediato. Por el contrario, la grasa permanece intacta y se incorpora a los depósitos de almacenamiento.
- Las orgías gastronómicas como las que se celebran en días festivos dejan tras de sí una desagradable sensación de plétora y, a veces, deben transcurrir hasta semanas para que el cuerpo combate el exceso. En lugar de eso, lo mejor es disfrutar de un ambiente agradable, de conversación amena o de la buena música que suele ofrecerse en este tipo de eventos.
- Borra de tu plan de comidas los alimentos que tengan un alto porcentaje de grasas ocultas. Muchos tipos de embutidos y

quesos están envasados con grasa. También los platos preparados, los helados o los postres con nata ocultan generadores clandestinos de engorde.
- Las renuncias extremas conducen a los antojos. Por ello, en el caso de tener avidez por comer algo dulce, disfruta cada día de un trozo de chocolate, una bola de helado o tres caramelos, en lugar de propasarte demasiado una sola vez a la semana.
- En el caso de las típicas depresiones energéticas antes o después de comer, te servirá de ayuda una pequeña cantidad de dulces, que contribuirán a elevarte el nivel de azúcar en sangre y a combatir el cansancio.

> Toda mujer quiere, incluso pasada la menopausia, permanecer atractiva además de saludable. En el libro de la autora, publicado en la editorial Südwest Jung bleiben mit Anti-aging (Mantenerse joven con el antiedad) te muestra la forma en que puedes influir positivamente en el proceso de envejecimiento y te presenta un completo programa de fitness para el cuerpo, la mente y el espíritu.

La piel, nuestro órgano más sensible

Junto a la figura y a la forma de vestirnos, seguramente el estado de nuestra piel es uno de los factores decisivos para nuestro aspecto. Cuando una mujer llega al climaterio, el tiempo ha dejado en ella huellas que saltan a la vista. La piel ya no es tan tersa como lo era antes, alrededor de los ojos y en el cuello se han formado arrugas y las líneas de expresión de la cara son más marcadas. A causa de las modificaciones sufridas, a muchas mujeres les resulta muy penoso aceptar la imagen que les ofrece el espejo. La idea que tienen de sí mismas, como si todavía fueran muchachas jóvenes, parece no coincidir en modo alguno con la nueva realidad.

Todos los momentos, tanto felices como dolorosos, y la forma en que se han vivido se marcan no sólo en nuestro espíritu, sino también en el cuerpo. Las arrugas u otras marcas del tiempo que la vida ha dejado señaladas en nuestra piel no influyen, de ningún modo, en el atractivo de una mujer. Más bien todo lo contrario: hacen que la cara sea mucho más expresiva e interesante y que revela cada vez más sobre la personalidad que se esconde detrás.

> ¿Has vuelto a comer chucherías hoy? Puedes comer tanta furta y verdura frescas como desees.

Si nuestro programa de cuidados no se detiene en el plano del cuerpo, sino que también se incluye el bienestar mental y aprendemos a aceptarnos tal y como somos, cada año que pase podremos ser más bellas en todos los sentidos.

> Un cuidado adecuado es, para la piel, igual de importante que la tranquilidad y la relajación.

Cuídate mucho

Los baños excesivos de sol, la carencia de sueño, un exceso de estrés o poco aire fresco son los principales enemigos de la piel. Por tanto, debes hacer todo aquello que favorezca la irrigación, por ejemplo, darte crema todos los días es importante, y no sólo a causa del efecto del masaje. Ten muy en cuenta que la crema base no sólo contiene humedad, sino también grasa. El agradable frío que aporta una verdadera crema hidratante sobre la piel es debido a la evaporación y significa que se ha perdido un agua muy valiosa. La mezcla con la grasa se ocupa de la obtención de una película natural de lípidos que protege a nuestra piel de la penetración de hongos y bacterias. Las cremas pueden mantener la piel elástica, pero las sustancias nutritivas vienen desde el interior: un alimento equilibrado y rico en materias vitales (véase página 67 y siguientes) es el mejor cuidado para tu belleza.

> Sólo con una humedad suficiente puedes mantener un aspecto suave y fresco de tu piel. Sin embargo la grasa se ocupa de la película de lípidos que mantiene la humedad interior de tu piel. Por ello debes tener en cuenta la composición adecuada de tus productos de belleza.

La piel no se deja engañar

Gracias a su elevado nivel de estrógenos, las mujeres poseen una piel más suave y mejor hidratada que los hombres, de tal modo que, hasta que llega el climaterio, no se nota la edad. Sin embargo, con el descenso de estrógenos condicionado por el climaterio la piel se hace cada vez más seca y frágil. Ni con una terapia de complemento de hormonas ni con inyecciones bajo las arrugas se puede detener a largo plazo este proceso. Por ello es muy importante evitar los factores de estrés para la piel y tener en cuenta un buen cuidado.

> Sin una cantidad suficiente de líquidos no sólo nos secaríamos, sino que el organismo quedaría cargado de sustancias tóxicas y de desecho. También nuestra piel precisa de humedad interior para tener elasticidad y un aspecto fresco.

El sol hace que la piel se marchite

Resulta inexcusable tener conciencia de que, si nos exponemos al sol, lo hagamos con una protección suficiente. Los sombreros y las cremas con elevados factores de protección (según la sensibilidad, con un mínimo de factor 8) son una obligación, y no sólo en vacaciones, sino en los días de sol radiante. La piel madura resulta todavía más sensible y permeable frente a la radiación ultravioleta, que daña sobre todo las fibras de colágeno y elastina, ya que disminuye la cantidad de células pigmentarias que protegen la piel, los denominados melanocitos.

> Los masajes con cepillos ayudan a una buena irrigación sanguínea.

Los baños de sol no sólo broncean, sino que ejercen un efecto coriáceo (dejan la piel semejante al cuero) y producen manchas. Piensa que tus ojos y la piel especialmente sensible de esta zona de la cara deben protegerse con unas buenas gafas de sol. Son totalmente desaconsejables las visitas a los centros de terapia de sol. Los rayos UVA de los tubos solares provocan escaso tinte moreno solar, pero son igual de dañinos para las fibras de colágeno. En el cuidado diario normal ten en cuenta aplicarte una crema con ligero factor de protección ante la luz. Incluso en invierno y en días nublados la acción de los rayos ultravioletas es tan elevada que se necesita proteger las pieles maduras. Esto vale también para pieles sensibles propensas a formar manchas de edad en el dorso de la mano.

Sanar una piel problemática

En el caso de muchas mujeres, y a causa del cambio hormonal, aumentan las irregularidades de la piel, circunstancia que se puede tratar con éxito utilizando un tratamiento homeopático. En casos extremos en los que las terapias naturales no pueden ayudar, hay que tomar en cuenta el empleo de una terapia hormonal, aunque por un tiempo limitado. Por regla general es suficiente con seis meses o un año para que se mantenga el equilibrio que se ha conseguido artificialmente.

Así das a tu piel lo que necesita

- Bebe al menos dos litros de líquido al día. Lo mejor es agua, con o sin gas, y para variar también se pueden ingerir zumos diluidos o infusiones, pero de estas últimas un máximo de dos a tres tazas al día, pues las hierbas medicinales poseen sustancias activas y no deben ser consumidas en exceso.

> Fumar no sólo inhibe la irrigación sanguínea de la piel, sino que también libera grandes cantidades de radicales libres dañinos para las células. En pro de tu salud y de tu piel, renuncia al humo azul o, por lo menos, practica una reducción estricta de su consumo.

- A la hora de comer hay que tener en cuenta un aprovisionamiento suficiente de ácidos grasos insaturados, por ejemplo, complementar la comida con una cucharadita de aceite de germen de maíz (¡no calentar la comida después de haberlo

agregado!). También se pueden compensar los déficits con aceite de onagra.
- Comer muchos alimentos ricos en vitaminas (mucha fruta y verdura frescas). Protegerá a la piel de los ataques de los radicales libres. En especial son importantes las vitaminas A, E y C.
- Hay que planificar un complemento alimenticio con alga espirulina, zumo de aloe vera y/o enzimas de piña y papaya para desintoxicar el cuerpo y mantener activo el metabolismo.
- En cada ducha no hay que enjabonarse de pies a cabeza. Es suficiente con poner algo de jabón en el cuello, las axilas, las zonas íntimas y los pies (mejor con un gel de ducha). Las duchas son peores para la piel que los baños, ya que la piel no se remoja suficientemente. Pero una excepción son los baños aromaterapéuticos (véase página 166 y siguientes), que igualmente aprovechan este efecto para infiltrar materias beneficiosas en la piel. No olvides utilizar después del aseo un buen aceite cutáneo o una loción que favorezca la hidratación.
- La piel del rostro es especialmente fina y por ello más delicada. Es suficiente si, por las noches, antes de ponerte crema, la limpias con un preparado suave. Por las mañanas es suficiente con agua fresca, ya que de lo contrario se la deja sin sustancias nutritivas. Además se recomienda elegir un tónico que no tenga alcohol. Dale a la piel de la cara, dos veces al día, una crema que se ocupe de engrasarla e hidratarla.

> Cuando se tiene una fuerte predisposición a las manchas hepáticas, verrugas u otras coloraciones de la piel, o cuando ésta resulta estar cubierta de rugosidades o callosidades que no parezcan tener aspecto de espinillas o granos, debes dirigirte a tu médico inmediatamente.

También cambia el pelo

Lo mismo que ocurre en nuestro interior, también en el exterior necesitamos de un nuevo peinado. Si nos encontramos completamente bien y en forma, el pelo nos sentará perfectamente. En el caso de estrés, cargas emocionales o problemas de salud, por el contrario, el cabello se nos pone rebelde, sean cuales sean las intenciones del estilo que elijamos. En el caso de mujeres en el climaterio, el cambio hormonal también se ve reflejado en la estructura del cabello. Se hace más compacto y por ello la mayoría de las veces resulta también menos manejable.

En otros casos puede variar su volumen, por ello los peinados no se mantienen y tras el lavado y el peinado vuelven a desmoronarse.

¿Qué hacer en caso de caída del cabello?

En el climaterio se modifica el comportamiento de las hormonas tanto masculinas como femeninas. Pero no debes tener cuidado porque, aun cuando es cierto que puede ocurrir que las mujeres que están ya en la edad del climaterio sufran de un cierto incremento de la caída del pelo, resulta muy poco frecuente que aparezca una verdadera «masculinización» en forma de entradas en el pelo, cabello ralo o poco espeso y un genuino bigote.

Si notas una excesiva caída del cabello debes, en todo caso, dirigirte al homeópata o al médico. La medicina naturista (sobre todo la homeopatía) dispone de muchos medios, sin efectos secundarios, para cuidar el cabello y favorecer el crecimiento del pelo.

Con un elevado nivel de andrógenos el pelo se hace ralo; la medicina convencional recomienda, según los casos, compensar el balance hormonal con preparados de estrógenos o tomar remedios para rebajar la proporción de hormonas masculinas (véase página 55 y siguientes) e inhibir el molesto crecimiento del bigote y eliminar las entradas.

> ## Control natural
>
> En el caso de caída de pelo debida a un descenso del nivel de estrógenos, puede servirnos de ayuda el boro. Este mineral, que está contenido en manzanas, uvas, peras y nueces, contribuye a compensar en parte el déficit de hormonas femeninas. En la página 41 y siguientes podrás descubrir la existencia de otros coadyuvantes de los estrógenos. En casos extremos, con abundante caída del cabello o crecimiento excesivo del pelo en la barbilla o en el pecho, también puede ser beneficioso un tratamiento hormonal. Una ingesta, limitada entre unos seis meses a dos años, puede ser suficiente para mantener a raya estas apariciones.

El gris como rayo de esperanza

Si en nuestras latitudes se toma la aparición de las primeras hebras grises en el pelo como un desagradable indicio de la vejez que se aproxima y por ello son estimadas como muy molestas, debemos decir que en muchos pueblos primitivos se les da la bienvenida: de hecho, el pelo gris es una señal de que se han dulcificado las partes más oscuras de tu ser y que se han abierto paso los aspectos más luminosos. Además, una cabellera gris es un signo de sabiduría. Bien por estas consideraciones o por aspectos puramente estéticos, podría ocurrir que el color gris natural fuera el que más te favorece.

Si no es así, existe la alternativa de los tintes. La utilización regular de tintes químicos puede resultar, por sus componentes, perjudicial a largo plazo. Los productos que sirven para aclarar el pelo suelen ser menos nocivos que los tonos más oscuros. Las mechas son una buena posibilidad para reavivar un pelo canoso, opaco y sin brillo. Son más naturales que un cabello totalmente teñido y las raíces no se notan con tanta rapidez.

> En las nueces hay suficiente contenido de boro para mantener tu pelo fuerte y saludable.

Consejos profesionales del peluquero

- Si a tu pelo le falta volumen, un corte de pelo escalonado a manos del peluquero puede llevarlo a su mejor estado. También se puede mejorar esta falta de pelo por medio de una permanente. Sin embargo hay que tener en cuenta que si el pelo es fino, una permanente muy marcada resulta, en ocasiones, poco natural.
- No te hagas la permanente y el tinte a la vez, tanta química a la vez puede agotar el pelo y, en casos extremos, llevar a puntas abiertas y caída de cabello.

> El pelo es el espejo del alma y por ello el equilibrio interno y unas buenas relaciones con el estrés son los mejores aliados para mantenerlo sano y bonito. Las técnicas de relajación también te pueden ayudar a encontrar más equilibrio y tranquilidad.

- Con una edad más avanzada el cuero cabelludo y el pelo se hacen cada vez más sensibles. Lo mejor es que no te laves el pelo todos los días y que utilices champú muy suave. Cuanta menos espuma produzca un champú, mejor será el lavado. Péinate con cuidado, ya que estando seco, el pelo es especialmente elástico y por ello sensible. También debes renunciar a hacerte el peinado diario con un secador muy caliente o con rulos, ya que el calor afecta el pelo.

> Los colores vegetales tiñen el pelo como los tintes químicos, pero no son adecuados para cabellos muy grises o blancos. Sin embargo, en el caso de pelo medio gris resulta mágico el efecto que pueden tener unos reflejos realizados con henna.[3]

- El pelo muy seco y quebradizo necesita de vez en cuando de la ayuda de una mascarilla nutritiva. Pero no te excedas en el cuidado del pelo. Los champús, tratamientos y productos reparadores que hay en el mercado contienen suavizantes que se fijan a la capa exterior del pelo, como si fuera una película, y a veces lo hacen tan fuertemente que ningún peinado es capaz de mantenerse.
- Ahorra en lo que se refiere a loción capilar, fijador, gomina y preparados de espuma. El alcohol contenido en la mayoría de estos productos reseca de tal forma el cuero cabelludo que se puede formar caspa.

Color sano para tu cabello

Algunas peluquerías trabajan con una nueva generación de tintes compuestos por un 95% de vegetales y sólo un 5% de sustancias químicas. Estos preparados te ofrecen las ventajas de los colores vegetales y se puede prever mejor el efecto del color que te van a aportar.

---

[3] N. de la T. Es el nombre árabe del arbusto *Lawsonia inermis* cuyas hojas, secas y pulverizadas, se utilizan para tratamientos capilares.

Deseo y amor
Volver a descubrir las necesidades propias

Una vida sexual plena no es privilegio de la juventud.

La mujer siempre es mujer, incluso a partir de los 45

En la observación de nuestro recorrido vital y de las etapas independientes de nuestra existencia como adultos, a menudo gustamos de orientarnos hacia las mujeres de la generación de nuestras madres. Están un paso por delante de nosotras en cuanto a experiencias vitales, podemos aprender muchos de la generación anterior y salir ganando según sus experiencias y vivencias. Por otro lado, el tiempo y las modificaciones de tipo social han dado como resultado que hoy en día haya unos proyectos vitales que son absolutamente distintos a los que tenían las generaciones anteriores.

¿Demasiado mayor para la sexualidad?

Tan pronto como nos topamos con el tema «sexualidad» comienzan a aparecer barreras. Si las mujeres climatéricas de hoy en día vivimos el tiempo del *Sturm und Drang:* «la tempestad y el ímpetu»[4] de la revolución sexual de 1968, nuestras

---

4. N. de la T. Se refiere la autora a un periodo prerromántico de la literatura alemana, de finales del siglo XVIII, que también se denominó «la época de los

madres no tuvieron más remedio que ceñirse el estrecho corsé de la moralidad existente en los tiempos anteriores. Entonces la ternura no se gozaba tan abiertamente como ocurre hoy en día, había que callar ante el tabú que suponía cualquier forma de erotismo. Esa generación no hablaba (ni habla) de la sexualidad. No es de extrañar que muchos de nuestros padres hayan vivido una existencia más o menos asexual, lo que los hace ser malos consejeros en cuanto a temas que se refieran al erotismo. Debido a la vergonzosa denegación con la que topábamos, en esta fase de nuestra vida no teníamos respuesta a preguntas del tipo: ¿quién me dice a mí realmente si las personas mayores son sexualmente activas y mantienen todavía el deseo?, y, en caso positivo, ¿cómo «funciona»?

> Entre tanto, por suerte, se ha divulgado que la entrada en el climaterio no supone un decaimiento del interés sexual. Todo lo contrario, muchas mujeres con una edad avanzada sienten el amor físico más placentera y libremente que en sus años jóvenes.

¿Qué dice la estadística?

Prácticamente no existe ningún aspecto vital que no haya sido sometido a las correspondientes investigaciones científicas. Así, en Estados Unidos se ha estudiado en repetidas ocasiones el comportamiento sexual de las personas de edad. Ya que a la mayoría de nosotros nos faltan interlocutores sobre este tema, las encuestas nos pueden dar algunas respuestas.

---

genios», a él pertenecieron Goethe y Schiller, y constituyó una rebelión literaria y de pensamiento de alcance similar en su contenido al de la revolución sexual que se alude en el texto.

Los resultados son positivos

Aproximadamente el 70% de las personas de 45 a 55 años, y entre las personas de 55 a 70 años, según los datos, al menos el 60%, son sexualmente activos. Los siguientes resultados se refieren al hecho de que las mujeres mayores no renuncian a su sexualidad:

- Mientras que el 55% de los hombres por encima de los 60 años practican el sexo al menos una vez por semana, las mujeres en edades comprendidas entre los 60 y los 91 años presumían de ser sexualmente activas al menos 1,4 veces a la semana. De acuerdo con esto, las mujeres, a una edad avanzada, tienen una vida sexual más activa que los hombres, sólo cabe preguntarse con quién la practican...
- También resulta interesante la siguiente investigación referida a mujeres sanas por encima de los 80 años: el 30% de ellas tiene una pareja impotente y el 20% se queja de carencia de ocasiones en cuanto al sexo. Sólo un 23% hablan de una pérdida total de la libido, pero el 50% informan de dolores en la penetración por una falta de lubricación vaginal. El 30% de las mujeres objeto del estudio hablan de interrupción de los orgasmos.

> Una pareja potente y un tratamiento que nos sirva para controlar la sequedad vaginal pueden regalar a muchas mujeres una plena vida sexual, incluso a edades muy avanzadas.

No dar importancia a los miedos

La sexualidad es posible incluso a edades avanzadas. Muchas mujeres se quejan en el climaterio de todo tipo de angustias y dudas que hacen muy difícil vivir sus deseos de modo tranquilo. Como podemos observar en los bancos del parque, en el cine y la televisión o en las revistas femeninas, el amor parece ser un privilegio de la juventud. ¿No resulta extraño que una mujer de mediana edad pasee por el centro de la ciudad cogida de la mano de un hombre?, ¿no es ridículo que yo, «a mi edad», pueda tener la idea de flirtear con un hombre? Y, finalmente, la frase crucial: ¿sigo siendo atractiva para el otro sexo?

De hecho, nos resulta un poco triste que al contemplarnos en el espejo descubramos que nuestra piel ya no se parece en nada a la que teníamos a los 20 años y que la forma de nuestro pecho ha pasado de ser la de un par de firmes manzanas a la de dos maduras peras.

Descubrir el deseo propio

Si te preocupa este aspecto, debes tranquilizarte: el buen sexo no tiene nada que ver con el atractivo corporal. ¡Más bien al contrario! Las mujeres jóvenes están, a menudo, tan ocupadas en tener el mejor aspecto posible en cualquier situación, que realmente no disfrutan del juego del amor. Para verse delgadas, incluso estando en traje de Eva, meten la tripa todo lo que pueden, y se asombran de que no les vaya bien con el orgasmo...

A una edad avanzada estas superficialidades van quedando a un lado. Una mujer madura sabe más lo que le gusta o lo que es necesario para que el sexo le resulte placentero. Se orienta más al propio placer que a presentarse «hermosa» ante el compañero. Este entusiasmo y la capacidad les lleva hacia todo aquello que posibilita un verdadero placer.

Una cuestión de valor

Incluso cuando los medios de comunicación nos muestran la imagen de una sociedad que goza de gran libertad sexual, casi ninguna de nosotras está libre de unas inhibidoras ideas morales. Es seguro que hablamos más que nuestras madres sobre los temas sexuales, pero en nuestro interior siguen existiendo muchos tabúes. Cuanto más tiremos por la borda nuestras fijaciones y prejuicios, y dejemos de pensar lo que es decente y lo que no lo es en nuestras relaciones eróticas, mejor conseguiremos organizar nuestra vida sexual de un modo vitalista y creativo.

> Muchas mujeres se embarcan con la seguridad que les otorga una madurez física y mental en el nuevo viaje del descubrimiento erótico.

Las mujeres maduras pueden alcanzar esta liberación, ya que han dejado detrás de ellas muchas pequeñas inseguridades de la juventud. Pueden llegar a constituir un atractivo erótico, y no sólo para hombre de su misma edad, sino también para los que sean más jóvenes.

> Muchas mujeres tienen una pareja que es algo mayor que ellas. También en él pasan los años dejando su rastro, y el tema se basa en que, quieran o no quieran admitirlo, con sus canas y sus entradas, sus arrugas y su incipiente barriga, ya no siguen constituyendo el ideal del amante juvenil.

Por fin, más tiempo para dedicar a la pareja

Junto a la madurez sexual conseguida con los años, en las mujeres que tienen una pareja estable existe un segundo factor marcadamente positivo que puede tener efecto sobre su vida sexual: más tiempo disponible. La «fase fundadora» queda señalada en la relación de pareja por muchos de los problemas comunes de la vida cotidiana, por ejemplo, crear una familia, comprar un piso o una casa, criar a los hijos o conseguir una estabilidad en el trabajo.

Cuando una mujer llega al climaterio suele ocurrir, por regla general, que la casa ya esté organizada del todo, se hayan conseguido plenamente todos los objetivos laborales, y los hijos sean mayores y estén preparados para llevar adelante su propia vida.

En la relación de la pareja surge una situación totalmente nueva: si hasta ahora todos los esfuerzos se volcaban en las inquietudes de la vida cotidiana orientadas a sacar adelante a la familia, ahora la vida en pareja se constituye en el punto central. Si, antes, la vida sexual solía resultar a menudo demasiado escasa, ahora puede florecer de nuevo.

> Conocerse de nuevo el uno al otro y llegar a aceptar los cambios aparecidos en cada uno.

Matrimonio en el banco de pruebas

Naturalmente entre parejas que han estado casadas durante mucho tiempo no siempre reina la paz, alegría y concordia. A menudo la pareja es socialmente estable, tiene asegurado el porvenir económico y los hijos ya no necesitan a los padres tanto como antes. Por ello a menudo se suprime la puesta en común de ideas y temas de conversación, y algunas parejas llegan a la conclusión de que los han perdido a causa de las muchas exigencias de la vida diaria. Se extiende un sentimiento de distanciamiento, y quizá también de aburrimiento. En estas situaciones es difícil admitir intimidades. A ello se añade que las mujeres en el climaterio deben aceptar los cambios de su propio cuerpo y, posiblemente, llegar a la conclusión de que sus parejas ya no les encuentran tan atractivas como antes. Entonces se rebelan internamente contra los intentos de acercamiento y la ternura les resulta desagradable.

Si descubres en ti este tipo de sentimientos, no los dejes sencillamente de lado incluso si, en el plano exterior, te lleves aparentemente bien con tu pareja. Eso es una señal de alarma que indica que algo no funciona bien del todo en tu relación. Ha surgido un proceso de depuración que, según las circunstancias, puede ser muy doloroso. Si en tu matrimonio hay una crisis de este tipo, una visita a un consejero matrimonial puede servir de ayuda.

> Las muchas alteraciones que experimentan gran cantidad de parejas durante el climaterio contienen un elevado potencial conflictivo para la relación. Ahora es muy importante mostrar atención y entendimiento con tu pareja y, sobre todo, tomarse tiempo para la ternura y las horas más íntimas de ambos.

Molestias vaginales que matan el deseo

Que una mujer en el climaterio viva la sexualidad como poco agradable, no tiene, naturalmente, que señalar un indicio de problemas con la pareja. A menudo detrás de esto se esconden unas molestias físicas concretas. Con el transcurso de los años la vagina se acorta y estrecha, y con el cambio hormonal la mucosa se hace más fina y sensible.

Además, en muchas mujeres, a la hora de la estimulación sexual y por falta de lubricación, el acceso a la vagina ya no es tan húmedo, y el acto sexual, de acuerdo con estas circunstancias, puede llegar a ser doloroso. Igualmente el clítoris se modifica a lo largo de los años: se hace más pequeño y puede retirarse hacia atrás, de modo que no queda protegido ante el roce, produciéndose dolor y picor.

Aliviar las dolencias de modo natural

Si sufres de sequedad vaginal y de dolores en la penetración, junto a las cremas que poseen estrógenos y que prescriben los ginecólogos, existen una gran cantidad de preparados vegetales que pueden servirte de ayuda. Para que no lleguen los problemas, lo que mejor ayuda es una práctica regular del sexo. Es la mejor medida preventiva para mantener la elasticidad y la producción de humedad por parte de la vagina. También un entrenamiento adecuado de la pared de la pelvis tensa la vagina y resulta adecuado para el placer sensorial.

La cara y el cuerpo deben ser cuidados con cremas y lociones cutáneas que aporten humedad, y este es un hecho que tienen claro muchas mujeres. Sin embargo, para muchas resulta escandaloso mimar también la zona vaginal. Aquí un poco de humedad adicional nunca puede dañar. Para un cuidado regular de la zona de los labios de la vulva se debe elegir obligatoriamente una crema que no tenga perfume o alcohol, pues la piel podría irritarse.

> Una higiene excesiva en la zona vaginal es tan perjudicial como una falta de higiene. Nunca utilices la misma manopla de baño dos veces. La humedad y el calor son un caldo de cultivo extraordinario para bacterias y gérmenes nocivos.

> ## Cuidados de la vagina
>
> - Haz masaje sobre la entrada exterior de la vagina y el perineo con un aceite de germen de trigo, lo que hará que la piel se mantenga elástica.
> - Toma a diario una cápsula de aceite de onagra (que se puede encontrar en los herbolarios). Esto servirá para mantener la elasticidad de la piel.
> - Adquiere en la farmacia un gel de mejorana y utilízalo de dos a tres veces a la semana en la vagina y en el acceso vaginal exterior. El gel calentará y reforzará la piel y la hará inmune a las infecciones. En el caso de reacciones alérgicas, como picor o enrojecimiento, inmediatamente debes dejar de utilizar el preparado.

Cuando falta el ambiente adecuado

Junto a los problemas de pareja y a los trastornos físicos, existe además un tercer factor que puede acabar con la libido: una desavenencia depresiva. Mientras que muchas mujeres en el climaterio, a pesar de todos los inconvenientes, nunca pierden el humor y las buenas maneras, otras muchas se enfrentan a una verdadera crisis. Se sienten sobreexigidas, nerviosas e irascibles, se molestan a causa de las dudas que tienen de sí mismas y no encuentran respuesta razonable al sentido de su conducta.

> ¿Te sigues entendiendo bien con tu pareja?
> Entonces podrás tratar de utilizar el nuevo tiempo libre conseguido en el quehacer familiar diario como una forma de oportunidad para probar una «segunda primavera».
> ¿Qué tal disfrutar de un viaje para dos?

El abatimiento, la falta de iniciativa, la letargia y los pensamientos negativos no se soportan de mil amores. ¡Si te encuentras sumergida en una de estas simas de fluctuaciones anímicas, procura evitar ponerte bajo presión en lo que se refiere a esto!

A partir de la página 141 se presentan los trastornos depresivos condicionados por el climaterio. Más información sobre la salida de la crisis a partir de la página 142.

> Los mejores amigos, pero en cuestiones de erotismo la cosa ya no funciona igual.

¿Y cuando él no tiene ganas?

Desde la entrada en el mercado del Viagra, la potencia masculina se ha convertido en objeto de discusión pública.

Hay algo que está muy claro: todos los problemas masculinos de erección no son otra cosa más que un fenómeno individual.

El mero conocimiento de esta circunstancia supone una carga sobre los hombros de muchas mujeres, que se sienten culpables: cuando él no quiere, o no puede, lo achacan a su falta de atractivos. Muchas mujeres no sólo creen que se hacen mayores, sino que a menudo pierden el deseo en la cama. Ningún prejuicio es tan obstinado como el del hombre que siempre quiere y siempre puede. Él también puede sufrir de depresión sexual.

Distintas curvas de la libido

Las mujeres maduras se enfrentan a menudo a un dilema: cuando finalmente han descubierto sus deseos de sexo es cuando, precisamente, ya no tienen pareja o bien el hombre se ha acabado por recluir cada vez más en su concha. El que un día fue un amante a ultranza, ahora ya está entrado en años. Mientras que en la mayoría de las mujeres la curva de la libido y de la experiencia sexual alcanza su punto álgido a partir de los 30, y se mantiene en este nivel de un modo constante incluso una vez entrada en el climaterio, los hombres experimentan su fase sexual más activa entre los 18 y los 25 años. Después de esa edad la curva disminuye claramente. Con el comienzo del climaterio masculino, la denominada andropausia, que en la mayoría de los hombres ocurre entre los 50 y los 55 años, se llega de nuevo a una inflexión. Con la disminución de la hormona sexual masculina, la testosterona libre disponible, el 80% de los hombres experimenta tanto problemas ocasionales de erección como un rápido descenso del apetito sexual.

> En lo que refiere al sexo, los hombres están sometidos a más presión que las mujeres, ya que su potencia está directamente relacionada con la imagen del éxito masculino: un factor estresante y poco valorado que influye adicionalmente sobre la libido.

Capacidad de compenetración: importante para ambos

Cuando él ya no quiere, ni puede, en tantas ocasiones como lo hacía antes, a menudo en nosotras, las mujeres, se avivan unas fantasías sobre aventuras. ¿No será que oculta una aventura con otra (más joven)? En una época en la que la autoconfianza, a causa del climaterio y de todos sus efectos secundarios, constituye a menudo una dura prueba, muchas mujeres tienen miedo ante la competencia de las más jóvenes, viéndose importunadas por pensamientos como el que se ha citado.

Antes de empezar a buscar en sus bolsillos facturas reveladoras de compras de flores o de ropa interior, siéntate a pensar si él también se encuentra en una crisis de cambio parecida a la tuya, y si ese cambio físico y mental puede influir sobre su libido. No sólo nosotras, las mujeres, sino también nuestros hombres necesitan ser entendidos en la época de su climaterio y ¿cómo podemos mostrar mejor nuestra disposición que a base de amor? Mucho es lo que se ha perdido en la coexistencia diaria. Reflexiona en las primeras muestras de cariño y de atención con las que mimabas a tu pareja.

> Las posibles formas de aparición de la andropausia se asemejan mucho a los trastornos típicos del climaterio femenino. Por ejemplo, en los hombres aparecen muestras de cansancio, irritabilidad, fluctuaciones del ánimo, desasosiego interior, dolores en los miembros y las articulaciones, sudoración y trastornos de concentración y de sueño.

¿Por qué no una ayuda «artificial»?

Ante la pregunta sobre las expectativas potenciadoras de la Viagra, muchas mujeres reaccionan de modo escéptico. La idea de que su propio marido se «ayude» con una píldora hace que experimenten una sensación desagradable, o sienten temor a que la ayuda artificial prestada por el medicamento fuerce un impulso tan desenfrenado que pueda tener consecuencias sobre su integridad física, o piensan en los posibles efectos secundarios que pueda sufrir su marido con la ingesta de estos preparados sintéticos. En algún profundo lugar de su interior se mueve la ambición de poder excitar al hombre con sus propios estímulos eróticos, sin utilizar medios auxiliares. Sin considerar estas objeciones, remedios como la Viagra también pueden suponer ventajas para la mujer.

Las ventajas de los remedios sintéticos

- La Viagra, por su forma de aplicación, es más favorable que otras ayudas a la erección como la bomba de vacío implantada en el pene o la terapia de inyecciones en los cuerpos cavernosos (SKAT) del tejido eréctil. Si la elección es: sexo con Viagra o prescindir del sexo, ¿por qué renunciar al deseo?

> Sin presión se puede experimentar una sexualidad relajante y satisfactoria.

- La píldora potenciadora no hace que el hombre sea una «fiera» con un impulso desenfrenado. Más bien ayuda a conseguir una fantástica erección y libera estrés existente. Gracias a ello se obtendrá un amante mejor y más duradero. En lugar de concentrarse constantemente en su pene, se podrá dedicar en cuerpo y alma a ti. En ocasiones, los trastornos del orgasmo femeninos desaparecen por si solos.
- Pero no es la Viagra la que le regala una erección al hombre. Sin ternura ni estímulos eróticos no funcionará, a pesar de la química. Su deseo no es artificial sino que, como ocurría antes, tiene mucho que ver contigo. Lo que ganáis es relajación y facilidades sin trastornos. Y muchas noches de ardiente amor.

> Si, tras prescripción médica, el deseo del hombre se sirve a veces de la ayuda de la química, en bajas dosis pueden aparecer, si acaso y levemente, efectos secundarios como dolor de cabeza, enrojecimiento facial, alta sensibilidad a la luz e inflamación de la mucosa nasal.

- La estimulación natural como el ginseng, las ostras, y el apio excitan, pero no ayudan en caso de problemas serios de erección. Sólo un preparado de yohimbina, extraído de la corteza de un árbol africano, tiene un potente efecto sobre la irrigación de los genitales. Como efecto secundario se puede observar, sobre todo, una ligera subida de la tensión arterial así como un nerviosismo más elevado y una irritabilidad, lo que debe recordarnos que hay que tener mucho cuidado a la hora de ingerir este remedio.

Todavía persiste un tabú: la masturbación

En el caso de mujeres solteras en el climaterio, la pregunta de «¿Viagra sí o no?» no significa absolutamente nada. Para ellas se trata de encontrar un compañero íntimo que sea idóneo.

Para la mayoría de las solteras de este grupo de edad ya ha quedado atrás la época de las relaciones de una sola noche, y no porque constituya para ellas un tipo especial de tabú social sino, sencillamente, porque tiene la mente en otras cosas. Para comprometerse físicamente con un hombre les hace falta algo más que un par de bonitas palabras. La actividad sexual no es sólo una fuente de energía de primera magnitud, sino a la vez es el mejor medio para mantenerse sana desde el punto de vista físico.

Plena de deseo y saludable

Si no se tiene pareja, aún queda la masturbación. Para tener una experiencia plena de deseo, entrena los músculos de la zona genital y preocúpate de que la vagina esté bien lubricada. Estimulando la secreción de humedad, el valor del PH de la vagina queda muy bajo, lo que evita el crecimiento de gérmenes patógenos y previene la formación de infecciones bacteriológicas.

El estímulo de lo nuevo

A pesar del cambio hormonal que aparece a una edad avanzada tanto en las mujeres como en los hombres, el aburrimiento es y seguirá siendo el primer enemigo del deseo. No es extraño que las parejas que llevan mucho tiempo juntas añoren, en ocasiones, alguna alternativa. Debemos pensar cómo hacer para volver a portarnos como enamorados recientes.

En este estado, sólo el pensar en la persona amada te hace sentir un burbujeo semejante al del champán, y esto no sólo vale para los adolescentes, sino también para las personas de más edad. El estímulo de lo nuevo proporciona alas a la fantasía, y esta es una causa de que se produzcan algunos adulterios. Pero a veces nos olvidamos que lo nuevo no tiene por qué venir obligatoriamente de fuera. Quien lleve algo de aire fresco a la rutina de la relación puede también volver a sentirse enamorado de su pareja de siempre, y de esa forma vivir una segunda primavera.

> A muchas mujeres les resulta difícil tener relaciones en plan de jugar y experimentar con su propio cuerpo. Incluso tocarse «ahí abajo» era obsceno y enfermizo en la generación de nuestras madres, y desgraciadamente estas ideas se han pasado también a nuestros hijos. La masturbación es una variante muy natural y placentera de nuestro comportamiento sexual.

¡Da tú el primer paso!

A causa del aburrimiento, de un estado anímico melancólico o por demasiadas obligaciones diarias, resulta frecuente que en las relaciones dilatadas en el tiempo quede aletargada la vida sexual, las dos partes actúan como una pareja al estilo de Hansel y Gretel,[5] en el que cada uno vive, más o menos, su propia vida y en el que no hay un verdadero contacto. En una de estas situaciones, a ninguna mujer se le ocurre desprenderse de su flamante ropa interior para sorprender a su pareja. Primero se debe seguir una estrategia planeada paso a paso.

> ¿Le falta a tu relación un toque de erotismo? No esperes y toma la iniciativa. Atrévete a transformar tus fantasías en realidades y sorpréndele con una faceta que resulte desconocida para él.

El arte del contacto ligero

Una buena posibilidad para la reactivación de las relaciones físicas consiste en ofreceros la oportunidad de un buen masaje en pareja. No se trata de actuar con una técnica perfecta, sino más bien de mantener un contacto suave y amoroso. Piensa sólo en lo agradable que resulta que después de un largo día de trabajo alguien te practique un masaje en los hombros. Es tal el bienestar que proporciona que, además del agotamiento, también se eliminan el estrés y la presión psíquica. ¡Concédete alguna de estas sesiones de contactos! Si de esta inofensiva forma os acercáis físicamente, puede resultar una buena oportunidad para encontrar una intimidad erótica.

> Rompe la monotonía de la relación. Hay muchas posibilidades de hacerlo.

---
5. N. de la T. Hermanos protagonistas del célebre cuento de los hermanos Grimm.

Programa de reactivación de la pareja

- ¿Qué tal un ritual para el saludo y la despedida? Abraza a tu pareja de un modo especialmente cariñoso cuando se vaya o vuelva a casa. No llega a resultar necesario que le esperes en la puerta de casa con una copa en la mano.
- Revisa de forma crítica tus hábitos en el vestir. Incluso aquellas mujeres que van a la moda y con estilo cuando están fuera de las cuatro paredes de su casa, suele ocurrir que dentro de casa vistan camisetas viejas y *leggings* (porque son muy cómodos). No hay nada mejor que utilizar esta tipo de vestimenta de vez en cuando, y en casa no hace falta que vayas de tiros largos, pero tampoco necesitas ir vestida como una pordiosera. Debes tener un poco de imagen de fin de semana. Y a la hora de hacer revisión de ropa, no olvides poner también en la bolsa de cosas para dar tanto el chándal sin planchar de tu pareja como los raídos pantalones que usa para hacer chapuzas.
- Piensa un poco en las pequeñas atenciones que hace tiempo le prestabas a tu pareja, en todos los pequeños mensajes de amor y recuerdos, en los gestos y miradas con los que antaño le regalabas de forma tan generosa. ¿Qué ha quedado de todo aquello? A menudo sirve de ayuda tener en cuenta de modo muy consciente todos aquellos pequeños detalles cariñosos que sirven para encender de nuevo el fuego de la relación.
- «El que siembra, recoge» un dicho que también es válido para la vida en pareja. En muchos matrimonios aparece, con el paso de los años, un trato indiferente, desquiciante y que, incluso, puede llegar a ser sarcástico. Ya no queda huella de las susurrantes y cálidas voces de tiempos pasados. Pero el tono es el que crea la música, y eso también ocurre en el plano sensual y erótico.

Manjares sensuales

Un buen acceso a la nueva soledad de dos es la delicia de la comida para ambos. A la luz de las velas y con música suave se puede charlar y relajarse de un modo excelente. Para darle esta orientación a tu vida de pareja puedes colocar sobre la mesa todo tipo de delicias afrodisíacas y disfrutar de los manjares. Las ostras, el caviar, el apio, los espárragos, el ajo y la cebolla (¡ojo!: a causa del olor, estos dos últimos sólo darán buen resultado si lo comen ambos miembros de la pareja), así como fresas, cerezas, dátiles, higos y uvas tienen un efecto muy estimulante. También resultan sugerentes las especias: el cilantro, el levístico[6] y la pimienta pueden hacer algo más que dar gusto a la comida. Y lo que ocurre también en el caso de los condimentos: todo lo que es picante se presume que sirve para hacer picante (su entorno). Esto sirve para la pimienta y el curry (que en la India se llama polvo del amor) y también para los chiles y el jengibre.

> Es conocido que el amor se gana a través del estómago. Si quieres evitar largas horas de trabajo en la cocina y quieres sentarte a la luz de las velas en la mesa, con todo ya preparado, puedes recurrir a los servicios de comida preparada que seguramente existen en tu localidad y que ofrecen otras cosas distintas a las pizzas o las patatas al horno. ¿Qué tal un sushi para empezar?

Tiempo para la ternura

Precisamente en las fases complicadas de la vida, e indudablemente el climaterio no es una época siempre fácil, crece la

---
6. N. de la T. También conocido como «apio de montaña» y «hierba maggi».

necesidad de cariño. Si tenemos una depresión anímica, a menudo no deseamos otra cosa sino que alguien nos tome en sus brazos, los pequeños gestos son extraordinariamente agradables ya que se manifiestan sin decir palabras: «Sí, te entiendo. Sé lo que te ocurre».

Esos detalles cariñosos son la masa que, a la larga, suelda las relaciones. Cuando no nos encontramos muy bien y pensamos en todo menos en el sexo, esta forma de acercamiento es realmente importante.

Cuidar los contactos

Para las mujeres solteras en el climaterio es especialmente importante cuidar las amistades y buscar nuevos contactos. Carecer de ningún tipo de compañía en esta fase vital puede resultar especialmente crítico. En medio de grupos que irradian felicidad, el aislamiento se puede convertir en una sensación de soledad. Cuando se está sola, una buena alternativa son los viajes o seminarios de vacaciones en los que puedes conocer gente nueva.

> Los estudios concluyen que las mujeres que carecen en su entorno de una persona de confianza, y que no hablan con nadie sobre sus preocupaciones diarias y sus problemas personales son más propensas a las depresiones y a los trastornos mentales que aquellas mujeres que tienen una persona fija como índice de referencia emocional.

Además hay otro tema: la preocupación por la concepción

En la menopausia la ovulación sucede cada vez en menos ocasiones, y suele aparecer de forma tan irregular que el riesgo de embarazo se va reduciendo cada vez más. Pero no se puede descartar con seguridad plena, incluso aunque ya haya transcurrido un año entero desde la última menstruación. También en el climaterio existen, naturalmente, posibilidades para la anticoncepción.

> Compartir con amigos los aspectos positivos de la vida.

Entre las precauciones que puede adoptar la mujer, en esta fase de la vida se le ofrece una alternativa interesante: considera conjuntamente con tu pareja si merece la pena tener en cuenta la esterilización. También él debería tener decidido si a su edad quiere engendrar y criar un niño. En el caso del hombre es mucho menos problemático que en una mujer, por regla general la operación es ambulatoria y se realiza con anestesia local. Junto con la esterilización femenina, este es el método anticonceptivo más seguro.

Una vez que se prescinde de los condones, en todos los demás métodos la mujer es la responsable de evitar un embarazo.

> Desgraciadamente, hoy en día todavía no existe un anticonceptivo óptimo que carezca de riesgos ni efectos secundarios. Cada mujer debe guiarse según sus propias necesidades y debe sopesar los pros y los contras de cada uno de los métodos.

Píldora antibaby

La píldora es la protección más segura, incluso durante el climaterio. Las modernas píldoras con ligeras dosis de combinación de estrógenos y gestágenos resultan también apropiadas para mujeres por encima de los 35 años, salvo contraindicaciones (tensión elevada, tendencia a la trombosis, varices, enfermedades hepáticas) frente a estos preparados. Ya que con estos preparados se simula un ciclo mensual, puede ocurrir que la mujer no se aperciba de que ha entrado en el climaterio o incluso si ha comenzado la menopausia. A partir de los 50 años, se recomienda cambiar a otro anticonceptivo.

> ¿Anticoncepción en el climaterio? Por supuesto.

Sustancias vegetales activas

Los remedios con base vegetal no pueden garantizar una protección realmente segura, pero reducen el bajo riesgo de embarazo condicionado por la edad. El cardo santo (o cardo bendito, *Carduus benedictus*), la cristobalina *(Caulophillum thalictroides)*, la menta poleo *(Mentha pulegium)* y el ñame silvestre *(Dioscorea villosa)* son los más conocidos anticonceptivos naturales. El último de ellos es el más eficaz. Contiene componentes básicos esenciales que se utilizan para la elaboración de la píldora antibaby, pero no tiene sus desagradables efectos secundarios, sino que es tranquilizadora y antiespasmódica.

> Si tienes tendencia a las varices, eres diabética o tienes un excesivo sobrepeso o úlceras estomacales, no debes utilizar la píldora antibaby. Lo mismo sirve decir en caso de miomas, endometriosis o esclerosis múltiple.

El DIU o la espiral

La espiral, (que en el lenguaje técnico se denomina DIU: dispositivo intrauterino) ofrece una segura protección de concepción, ya que evita que el óvulo fecundado pueda anidar en el endometrio. El anillo de cobre adicional colocado en el cuerpo de plástico sirve como protección adicional. El metal impide la movilidad de los espermatozoides y con ello se reduce la tasa de fecundación. El DIU debe ser colocado por el ginecólogo. La desventaja es que pueden producirse menstruaciones más copiosas o pérdidas intermenstruales. En casos extremos se debe tomar un preparado de gestágenos o retirar el DIU.

> La esterilización es una solución definitiva para aquellas mujeres que no deseen quedarse embarazadas. La intervención se realiza en un hospital y con anestesia general, por una laparoscopia se estrangulan o sueldan las trompas de Falopio, con lo que se hacen impenetrables. Menos difícil e igual de irreversible es la esterilización masculina.

Medios «mecánicos» de anticoncepción

El diafragma, y también los condones, si se utilizan correctamente constituyen una alternativa segura para aquellas mujeres que no toleran la píldora o no quieren tomarla y para las que no quieren ponerse un DIU. El diafragma es un anillo reutilizable de goma con una envoltura dilatable de látex. Está cubierto con una crema destructora del semen (espermicida) y se coloca muy profundo en la vagina. Si está bien colocado cubre por completo el orificio del útero y se sujeta firmemente en la pared vaginal. Doce horas después de las relaciones sexuales se debe retirar, pero en ese momento ya se habrán destruido los últimos espermatozoides.

Menos adecuada es la medida del ciclo, es decir, la observación de la temperatura y del flujo. Se basa en ciclos regulares, cosa que no ocurre en el climaterio. La efectividad de este método es reducidísima.

La otra forma de la fertilidad

En la cabeza todo queda muy claro, el climaterio ofrece por fin seguridad en cuanto a los embarazos, de modo que se puede disfrutar del amor con toda libertad. Pero, muy dentro de nuestro ser interior, nos entristece la pérdida de la fertilidad. Demasiadas de nosotras definimos la feminidad como la capacidad de engendrar hijos. Una despedida que puede resultar dolorosa a aquellas mujeres que no hayan podido cumplir con su deseo de tener hijos. Tanto si tienes hijos como si no, si sientes una cierta melancolía no te dejes arrastrar por ella.

Tendrá que pasar tiempo para que la situación se reorganice y para que el propio cuerpo aprenda a aceptar sus alteraciones.

Es válido decir que tras la física, existe una nueva forma de fertilidad, la mental. Bien a través de las relaciones enriquecedoras con otras personas, con conversaciones o proyectos estimulantes, con la orientación al cumplimiento de intereses culturales o la aspiración a un desarrollo personal, siempre existen gran cantidad de posibilidades de vislumbrar nuevos horizontes y encontrar tu realización vital.

Hitos en la vida
Aprender a convivir con los riesgos a base de explicaciones

*Valorar adecuadamente el peligro de cáncer
y reconocer a tiempo las advertencias.*

Reconocer los signos de peligro y prevenir en la forma adecuada

Según van cumpliendo años, son muchas las mujeres que están poco dispuestas a amoldarse y conformarse con circunstancias que las coarten. Disfrutan de una gran seguridad en sí mismas y son capaces de defender sus opiniones. Están menos orientadas a lo que se puede o no se puede hacer y más a lo que ellas consideran como bueno y adecuado. Tampoco se dejan manipular ni se las puede guiar en contra de su voluntad.

> Además de determinados virus, las influencias del exterior, como el fumar, el consumo elevado de alcohol y las sobrecargas provocadas por el medio ambiente y las radiaciones pueden provocar la aparición de cánceres. En esta formación también juegan un papel muy importante los factores de carácter hereditario. Indirectamente pueden resultar implicadas influencias de tipo mental, pues actúan a base de debilitar las defensas del sistema inmunológico, favoreciendo de ese modo la aparición de úlceras.

Sin embargo, lo que parece extraordinariamente positivo y conveniente en cuanto se refiere a la libertad individual e independencia de cada mujer, resulta desconcertante en cuanto afecta a su equivalente de salud física. Con el paso de los años las células del organismo humano también tienden, bastante más que antes, a seguir sus propios caminos. De modo puramente superficial se puede reconocer fácilmente un incremento de la tendencia a la formación de verrugas, manchas hepáticas pigmentadas, angiomas (proliferaciones vasculares de color azul rojizo) y lipomas (tumores de grasa); todos ellos son signos de un aumento de la propensión a las proliferaciones debido a un crecimiento incontrolado de las células. Si bien estas modificaciones suelen resultar la mayoría de las veces inofensivas y benignas, en ocasiones las consecuencias pueden llegar a ser muy severas. Así, al cumplir cada vez más años va aumentando también el riesgo de contraer un cáncer de cualquier tipo, como pueden ser el cáncer de mama y de útero, una circunstancia por la que muchas mujeres temen la llegada a los años del climaterio.

Cómo surge un cáncer

Cada célula independiente de nuestro cuerpo tiene su propia estructura genética en la que están establecidas sus funciones, su capacidad de escisión y su vida útil. Con el proceso de deterioro que se incrementa con la edad, o a causa de determinados factores externos, pueden producirse alteraciones en este proceso hereditario, las denominadas mutaciones. Determinadas mutaciones llevan a la formación de genes productores del cáncer. Algunas personas ya llevan estos genes en su patrimonio genético o bien padecen de una elevada sensibilidad frente a las influencias nocivas del medio ambiente o las radiaciones. Si se destruye el plan genético de una célula, ésta queda fuera de control y comienza a crecer fuera de los límites orgánicos. Un sólido sistema de defensa propio del organismo puede contrarrestar el carácter nocivo de estas células antes de que puedan generar ningún tipo de daño. Pero, si el sistema inmunológico está debilitado, puede surgir un tumor.

> ## Así disminuyes el riesgo de una enfermedad cancerígena
>
> - No fumes y ten mesura a la hora de beber alcohol. No deberás sobrepasar el cuarto de litro de vino o el medio litro de cerveza al día. Concédele a tu cuerpo, al menos, uno o dos días sin alcohol a la semana.
> - Con una alimentación saludable y rica en sustancias vitales y equilibradas podrás prevenir las enfermedades cancerígenas.
> - Fortalece tu sistema inmunológico con todo el ejercicio posible, lo mejor es realizarlo al aire libre. Son especialmente recomendables los tipos de deporte de resistencia, como montar en bicicleta o andar.
> - Preocúpate en curarte bien las infecciones evitando que se hagan crónicas.
> - Renuncia a los baños de sol prolongados y usa siempre una protección solar adecuada.
> - Ocúpate de que tu tiempo de diversión no sea demasiado corto. Se ha comprobado que reírse fortalece las fuerzas orgánicas de defensa.
> - Evita el estrés de larga duración y tómate regularmente tiempos de descanso en la vida diaria. Si te cuesta desconectar, pueden servirte de ayuda unos ejercicios de relajación (véase página 167 y siguientes).
> - Confía en tu voz interior y haz que se oiga de un modo consciente de acuerdo con tus intereses y necesidades. Cuando aparece como mensajera de tus propios asuntos no hay que considerarla como un signo de egoísmo, sino que demuestra que tienes tu vida bajo control.

> - *Last but not least* (lo último, pero no por ello menos importante): no estés constantemente obsesionada con el pensamiento en el tema «enfermedad». Quien vive constantemente asediada por el miedo ante una enfermedad de tipo cancerígeno, a la larga contribuye a debilitar su organismo y eleva el riesgo real de padecerla.

Alteraciones de los tejidos del pecho

El tejido glandular del pecho reacciona de un modo especialmente sensible frente al contenido de hormonas femeninas existente en la sangre. Esto explica el que muchas mujeres, dependiendo de su ciclo, sientan siempre tensión en el pecho. Si con el tiempo disminuye el valor hormonal, tal y como ocurre en la época del climaterio, se pueden producir modificaciones en este tejido. Es por eso que en esta fase de reorganización hormonal se registra una multiplicación de los casos de mastopatías benignas.

> En el caso de acumulación de agua y dolores en el pecho, sirve de alivio colocar compresas frías con alcohol diluido (1:10). A continuación aplicar una buena capa de crema, ya que el alcohol elimina humedad y grasa de la piel. En el caso de sensación de tensión hay que frotar el pecho con aceite de onagra.

También aumenta la tendencia a la formación de quistes (que son espacios huecos del tejido, rellenos de líquidos e inocuos) a medida que van pasando los años. Simultáneamente el tejido glandular se va convirtiendo cada vez más en tejido conjuntivo, lo que en algunos de los casos puede llevar a endurecimientos dolorosos.

El pecho puede hincharse a causa de la acumulación de líquidos, reaccionando de un modo muy sensible. En estas circunstancias resulta recomendable ingerir todo tipo de alimentos ricos en potasio y carentes de sal. Como adversario de la sal, que acumula los líquidos en el cuerpo, el potasio se ocupa de acelerar su eliminación, contrarrestando de esa forma y de un modo muy natural el almacenamiento de agua en el pecho. Las legumbres, los plátanos y las espinacas son productos especialmente recomendables por ser ricos en potasio.

> La alegría de vivir y una alimentación sana ayudan a evitar las enfermedades cancerígenas.

Salvadora de vidas, la autoexploración

En más de la mitad de las mujeres y a causa del cambio hormonal que supone el climaterio, se producen alteraciones en el tejido del pecho que van acompañadas de las consiguientes molestias y que, después de ocurrir la menopausia, suelen mejorar por sí solas.

Cuando palpes un nódulo o un endurecimiento, es muy recomendable que visites al médico. Por un lado para, simplemente, calmar tus nervios, y por otro, naturalmente, para asegurarte de que no se trata de nada serio, ya que cada nódulo no tiene por qué suponer el padecimiento de un cáncer de mama. Si en la revisión médica se tiene la sospecha de la posible existencia de un tumor maligno, se hace necesaria una intervención inmediata, ya que, si realmente se trata de un cáncer, existen muchas posibilidades de curación. Una autoexploración practicada de forma regular puede, en consecuencia, salvarnos la vida.

Control regular

La época óptima de control se da justamente después del periodo, ya que los pechos están especialmente flexibles y blandos. Después de aparecer la menopausia, lo mejor es que fijes tú misma un día, por ejemplo el primero de cada mes. Si te exploras por primera vez no debes asustarte, ya que en cada pecho existen irregularidades debido a que los tejidos glandulares están formados por lóbulos independientes. Es importante que te familiarices con las particularidades de tu propio cuerpo a fin de poder reconocer precozmente las modificaciones que experimente y las posibles señales de advertencia que emita.

Factores de riesgo para un cáncer de mama

- Antecedentes de cáncer de mama en la familia (sobre todo por parte de madre): en muchas familias existe la correspondiente carga genética previa.
- Claro sobrepeso (es decir, el 20% más del peso normal): más grasa produce más estrógenos, favoreciendo los tumores asociados a las hormonas.
- Fumar: con el humo se transportan sustancias altamente tóxicas que llegan directamente al sensible tejido del pecho.
- Una menarquía precoz, una larga perimenopausia con hemorragias irregulares o una menopausia tardía: en estos casos el cuerpo está más afectado por la influencia de los estrógenos. Acarrea una propensión al crecimiento celular sin que la progesterona sirva de protección.
- Un embarazo relativamente tardío («tardío»: a partir de los 30 años): abre de nuevo la «ventana de los estrógenos» elevando, por tanto, el riesgo.

> • Los periodos largos de lactancia (más de seis meses) reducen notablemente el riesgo, es posible que sea debido a que se producen pocos estrógenos.

Autoexploración paso a paso

- Colócate delante del espejo y observa con precisión el pecho. ¿Observas algún tipo de bulto o nódulo, ahondamientos, diferencias en la naturalezas de la piel o cualquier otra modificación? Durante este examen no debes excluir a los pezones.
- Eleva tus brazos por encima de la cabeza y obsérvate. ¿Se ha modificado la forma del pecho? ¿Se observan abombamientos o retracciones? Aquí también debes tener muy en cuenta las modificaciones que hayan podido experimentar los pezones.

> Los indicios de un cáncer de mama pueden ser uno o varios nódulos (bultos) palpables en el pecho, hinchazón, enrojecimiento y dolor, la emisión por los pezones de un líquido acuoso o sanguinolento, retracción y rugosidades semejantes a la piel de las naranjas por encima de un nódulo o un endurecimiento del tejido, retracción o desviación del pezón o también la inflamación de los ganglios linfáticos en la cavidad axilar.

- Divide el pecho en cuatro segmentos imaginarios: arriba a la izquierda, arriba a la derecha, abajo a la izquierda y abajo a la derecha, tomando como centro el pezón. Mantén los brazos por encima de la cabeza para estirar el hueco de la axila. Con la mano derecha haz la palpación del pecho izquierdo y con la izquierda la del derecho. Coloca planas las puntas de los dedos y realiza pequeños movimientos circulares sobre cada uno de los segmentos imaginarios para, de esa forma, explorar sistemáticamente todo el pecho. Palpa toda la cavidad axilar. ¿Notas algún ganglio o alguna parte que sea sensible a la palpación?

> Las modificaciones del tejido del pecho se pueden diagnosticar exactamente por medio de una mamografía.

- Palpa también los pezones con cuidado. ¿Se observa la secreción de algún líquido cuando los presionas?
- Repite la exploración estando tumbada. El brazo de la parte a explorar debe descansar flexionado, por detrás de la cabeza.

> Un cáncer de mama no tiene por qué obligar a la amputación (la denominada mastectomía). Hoy en día, dos de cada tres mujeres operadas pueden conservan su pecho.

¿Cuándo hay que operar?

Si existe la sospecha de que un nódulo es maligno, la mayoría de las veces hay que realizar una operación.

Para la mujer afectada resulta abrumadora la carga psíquica que conlleva el tiempo transcurrido hasta que se consigue un diagnostico definitivo. Si realmente se trata de un cáncer, hoy en día son muchos los casos en los que se puede conservar el pecho, es decir, sólo se elimina el tumor así como, por seguridad, las zonas adyacentes. Sólo cuando hay varios ganglios, o el cáncer se encuentra en un estado avanzado, es cuando se debe amputar completamente el pecho. Para que las células cancerígenas no afecten al resto del organismo, también se eliminan los ganglios linfáticos de la axila.

> La mayoría de los nódulos del pecho no se localizan en los análisis preventivos realizados en la consulta del médico. Las mujeres afectadas los suelen encontrar por casualidad, por ejemplo en la ducha, frotándose con crema o en una palpación orientada.

Ovarios y útero

También en los ovarios y el útero pueden surgir modificaciones del tejido o excrecencias. Para localizar a tiempo estas alteraciones, al menos una vez al año (en el caso de ingesta de preparados hormonales cada seis meses) se debe realizar una exploración preventiva. Entre otras cosas, también se realizará un frotis del cuello del útero para reconocer a tiempo las posibles enfermedades cancerígenas. Resulta fundamental el reconocimiento preventivo en la consulta del ginecólogo (de modo distinto que el del pecho) ya que la zona del útero y los ovarios están situadas tan profundas que impiden la autopalpación y un tumor en estadio avanzado origina muchas afecciones. Pueden aparecer diversos cuadros clínicos que se explicarán seguidamente.

> Los miomas aparecen en un 20% de las mujeres mayores de 30 años. Su crecimiento depende del contenido de estrógenos en el cuerpo y durante la menopausia suelen retroceder por sí mismos a causa del descenso del nivel de estrógenos.

Miomas

Los miomas (nódulos o ganglios musculares benignos) pueden ser descubiertos con ultrasonidos o también por medio de una palpación. Se forman en la parte interna o externa del útero y crecen según el nivel de hormonas, de modo que en el climaterio disminuyen. Si no molestan, basta con hacer regularmente un control médico. Hay que considerar la posibilidad de operación cuando el mioma provoca fuertes dolores o copiosas hemorragias. Se pueden extirpar sin eliminar el útero por completo.

A causa de un mioma puede aumentar la superficie del endometrio, lo que puede ser motivo de hemorragias. En casos extremos (sobre todo tras la entrada en la menopausia), las hemorragias también pueden ser un indicio de un cáncer de útero. Para ir sobre seguro, hay que tomarse muy en serio estas advertencias y acudir de inmediato al médico.

> Junto con las exploraciones ginecológicas para el reconocimiento precoz de cánceres, se recomienda que a partir de los 40 años también se controle de modo regular el intestino grueso, cuyo cáncer es el segundo más extendido, después del cáncer de mama.

Quistes en los ovarios

También los quistes (cavidades huecas rellenas de sangre o de fluidos procedentes de los tejidos) de ovarios suelen resultar, por regla general, benignos y en muy raras ocasiones contienen células cancerígenas. La mayoría de las veces están formados por folículos no ovulados. Se descubren en las exploraciones preventivas, pues la mujer afectada no suele presentar molestias. En algunas mujeres se hacen tan grandes que el abdomen se abomba dolorosamente hacia fuera. Los quistes deben ser controlados a base de ultrasonido en intervalos de tiempo de dos a tres meses. Si se registra un crecimiento, será habitual que el médico recomiende una laparoscopia, durante la que se absorbe el contenido del quiste y se analiza en el laboratorio para descartar la presencia de un cáncer de ovarios.

> ### Efectos sobre la psique
>
> La psicóloga norteamericana Ellen McGrath documentó una investigación según la cual la mayoría de las mujeres se sentían liberadas inmediatamente después de sufrir una histerectomía (eliminación del útero). Transcurrido un cierto tiempo, en este grupo de mujeres se registraba el doble de depresiones que en un grupo de contraste con participantes que no habían sufrido aquella operación. Los investigadores ven una posible causa en la disminución del deseo sexual de las mujeres afectadas.

Aclarar las causas de las dolencias

Los miomas y los quistes en los ovarios pueden, si el tamaño es grande, presionar sobre la vejiga y el intestino y producir frecuentes ganas de orinar o estreñimiento. Síntomas parecidos pueden ir precedidos también por un debilitamiento del suelo pélvico. Para aclarar el trasfondo exacto de estas dolencias, se recomienda visitar al ginecólogo.

¿Es sensata la eliminación del útero?

Antes, cuando las mujeres padecían de pequeñas molestias, a menudo sufrían la extirpación del útero. La opinión más extendida es que ya habían cumplido con su misión, pues ya habían superado sus años fértiles. Incluso los pequeños miomas o los trastornos por hemorragias climatéricas eran motivo para que se practicara una histerectomía. A veces incluso la extirpación del útero se efectuaba justificándola por un motivo de mera prevención. Los tiempos han cambiado y ahora existen criterios mucho más estrictos. De hecho se ha mostrado que el útero, tras la menopausia, no es un órgano «superfluo». Ahora sólo se realiza la extirpación uterina en estos cinco casos:

- En enfermedades cancerígenas en la zona de la vagina, cuello del útero, endometrio u ovarios.
- En el caso de endometriosis, es decir, un asentamiento del endometrio fuera del útero.
- En el caso de gran cantidad de miomas, grandes y de rápido crecimiento, con fuertes trastornos.
- En el caso de quistes que, a lo largo de los años, hayan ido creciendo de un modo preocupante, pues su cancerización supone un elevado riesgo que va condicionado por la edad.
- En el caso de hemorragias incontenibles o extremadamente copiosas con un volumen que puede resultar perjudicial para la salud y que no se puedan detener de otra forma.

> Según aumenta la edad se incrementa también la formación de tumores, normalmente benignos, aun cuando también pueden llegar a ser malignos. Normalmente las exploraciones preventivas y prestar atención a nuestro propio cuerpo suelen ser los mejores requisitos a cumplir para la detección precoz de los tumores y mejorar considerablemente nuestras oportunidades de curación.

El efecto de la intervención en el balance hormonal

Si tras la extirpación del útero no se han observado afecciones en los ovarios y se conservan estos órganos, la intervención no tiene especial influencia sobre el nivel hormonal. Pero si también se han extraído los ovarios, el organismo acusará la súbita privación de las hormonas femeninas básicas como si hubiera ocurrido una menopausia repentina, lo que supondrá la aparición una serie de síntomas que harán que la mayoría de los médicos se inclinen por recomendar una terapia de complemento o sustitución hormonal.

> En el caso de una operación total, no es sólo el cuerpo el que sufre, también lo hace la mente.

Además de los citados trastornos hormonales, la extirpación del útero supone para muchas de las mujeres afectadas una importante carga psíquica. Adquieren un concepto erróneo por el que estiman que han dejado de ser mujeres completas, como lo eran cuando todavía tenían intactos sus órganos femeninos.

> Una extirpación de útero no es una «intervención menor». Si resulta indispensable para tu salud, debes contar con un asesoramiento muy detallado y una intensiva atención postoperatoria.

Las mujeres que disfrutaban de una vida sexual activa deberán tener en cuenta, además, un inconveniente adicional como secuela de la intervención: en el orgasmo echarán en falta, después de una histerectomía, las contracciones que provoca el deseo en el útero. Esta es otra causa por la que la intervención solo debe practicarse por motivos trascendentes.

El suelo pélvico

Además de las modificaciones que se han comentado anteriormente, la relajación paulatina del tejido puede acarrear grandes problemas. Con la aparición del climaterio y la disminución paulatina de las hormonas sexuales femeninas, la zona del suelo pélvico pierde cada vez más su estabilidad y va cediendo lenta pero inexorablemente. La estructura de soporte de los órganos internos, formada por varias capas de cordones y de planos musculares, que se tensa como una red entre los huesos pélvicos, pierde su elasticidad. Como consecuencia puede aparecer una perdida de orina incontrolable o el descenso (ptosis) del útero, la vejiga o el intestino.

Así fortaleces la musculatura del suelo pélvico

- Al orinar debes tratar de interrumpir conscientemente el flujo de emisión de orina a base de tensar los músculos necesarios para descubrir, de esa forma, el grupo muscular de que se trata. Luego podrás hacer este ejercicio en «seco», allí donde estés y hagas lo que hagas, delante del la mesa de despacho, en el autobús o incluso sentada frente al televisor. La tensión se debe mantener durante unos diez segundos para posteriormente relajarla. El ejercicio se debe repetir por los menos en diez ocasiones cada día.

- Colócate tumbada sobre la espalda (en la posición denominada de decúbito supino), flexiona las rodillas e inspira. Primero tensa conscientemente los músculos del suelo pélvico y del estómago y, posteriormente, eleva el trasero. Los hombros y la cabeza siempre deben permanecer pegados a la camilla en que estés echada. Mantén la tensión y luego haz que descienda el trasero y relaja la musculatura. Debes repetir cinco veces este ejercicio.
- Túmbate sobre la espalda y coloca las piernas flexionadas. Inspira, tensa la musculatura del suelo pélvico y haz que las rodillas bajen hacia un lado. Espira. Vuelve a inspirar y tensar la musculatura del suelo pélvico. Baja las rodillas hacia el otro lado. Espira. Repite el ejercicio tres veces en cada lado.

Un punto débil en el organismo femenino

A diferencia del hombre, que dispone en la zona del perineo de cordones musculares unificados colocados muy cerca unos de los otros, los músculos en la zona de la vagina discurren paralelos entre sí, es una construcción marcadamente extensible que es necesaria para el proceso del parto, pero que resulta poco útil para actuar como fuerza de sostén del suelo pélvico. Especialmente afectadas por esta circunstancia, en el climaterio, están las mujeres que o bien han sido madres varias veces o han tenido un hijo muy tarde. Por ello, durante el climaterio o antes si es posible, deben llevar a cabo un entrenamiento controlado de la musculatura del suelo pélvico a fin de mejorar el riego sanguíneo y disminuir un eventual padecimiento de hemorroides además de servir de prevención de la incontinencia.

Entrenar la musculatura

Para evitar el debilitamiento de la musculatura en la zona del suelo pélvico y prevenir los molestos síntomas asociados (y de los que no se debe citar en último lugar las pérdidas involuntarias de orina), se recomienda sobre todo una cosa: ¡entrenamiento! Los siguientes ejercicios gimnásticos ayudan incluso cuando ya se ha producido un descenso.

> Junto a sus efectos médicos, el entrenamiento de la musculatura del suelo pélvico eleva adicionalmente la sensibilidad sexual y la capacidad de experimentación de vivencias.

Entrenamiento con tampones especiales

Quien quiera entrenar el suelo pélvico de forma especialmente intensiva, puede comprar en una casa especializada un aparato para hacer ejercicios adecuados para ese entrenamiento: se trata de un mecanismo formado por una pieza especial que tiene el mismo aspecto que un tampón, pero que debido a su cobertura de plástico resulta ser especialmente deslizante.

> Los huesos de la pelvis forman marco para la estructura muscular en el suelo pélvico.

Su interior se encuentra relleno con plomos de distinto peso. En la práctica se trata de mantener este tampón (en un principio el de menor peso, para posteriormente irlo aumentando) con la musculatura de la vagina. Con un entrenamiento regular se registran claras mejoras en poco tiempo. A base de elevar la fuerza de la tensión en el suelo pélvico no sólo se puede retener la orina durante más tiempo, sino que se gana en sensibilidad sexual. Simultáneamente, y gracias a la mejora del riego sanguíneo, se reducen las dolencias hemorroidales.

La operación como alternativa última

En casos especialmente complicados, por ejemplo cuando ya se ha producido un debilitamiento de la musculatura de la vagina o ha llegado ya al útero y ni la gimnasia regular ni el apoyo de un preparado de estrógenos pueden suponer ninguna mejora, nos queda la alternativa de un estiramiento quirúrgico del suelo pélvico. En esta intervención, según el cuadro clínico existente, se estrecha el tejido conjuntivo bien entre la vejiga y la vagina (plastia anterior) o entre la vagina y el perineo (plastia posterior) por medio de varias suturas.

Como resultado de esta operación la vagina suele resultar algo más estrecha y, en el caso de la plastia posterior, subsiste una cicatriz que se puede observar desde el exterior y que queda situada entre la vagina y la salida del perineo (es la que se denomina sutura perineal).

Además, estas operaciones, como ocurre básicamente en todas ellas, llevan asociado un riesgo y sólo se deben realizar tras una concienzuda reflexión madura. Tampoco el estiramiento quirúrgico puede evitar, en último término, que pasados algunos años ocurra un nuevo descenso y regresen otra vez los síntomas. Como prevención, tras una de estas operaciones resulta muy importante la práctica de una gimnasia especial.

> El suelo pélvico se daña a la larga por falta de movimiento, por una sobrecarga causada por la elevación de un peso o a causa de una mala postura corporal.

Prevenir el descenso del suelo pélvico

- Ten muy en cuenta tu figura y no te eches innecesarios kilos de más. Cuanto mayor sobrepeso tenga que soportar la musculatura del suelo pélvico, más se debilitará.
- Para prevenir el almacenamiento de líquidos en los tejidos ingiere alimentos ricos en potasio y sin sal. El potasio es enemigo de la sal de cocina, que retiene el líquido en el cuerpo. La comida vegetariana suele contener muchos oligoelementos. De vez en cuando, debes decidirte por estas variantes sin carne.
- Antes de las comidas bebe un vaso de agua con un cucharadita de vinagre de manzana. Esto eleva el nivel de ácidos gástricos y mejora la digestión de las proteínas. De este modo el cuerpo dispondrá de todos los elementos necesarios para la estructura muscular.
- Practica mucho movimiento durante tu quehacer diario. Es igual que montes en bicicleta o subas escaleras, existen muchas posibilidades para mantenerte activa y cualquier forma de actividad deportiva fortalece la musculatura del suelo pélvico. Así, la mayoría de los ejercicios que afectan a la musculatura abdominal también tienen un efecto indirecto de estiramiento del suelo pélvico. Resulta poco beneficioso el levantamiento de cargas pesadas, sobre todo si no se realiza de forma correcta. Se puede exigir un esfuerzo a la musculatura del suelo pélvico, pero no se le debe sobrecargar. Cuando ya tengas el objeto pesado situado a la altura de las rodillas, no hay que cogerlo con la espalda encorvada.
- Comienza con un entrenamiento especial no más tarde a la entrada en el climaterio. Una profesora de gimnasia terapéutica te puede ayudar a establecer un programa controlado de ejercicios y te dará importantes indicaciones para evitar las posturas erróneas. También en la mayoría de los centro de adultos ofrecen cursos para la gimnasia del suelo pélvico. Tu

seguro médico te puede dar suficiente información sobre la existencia de ayudas económicas.

> Especialmente tras los embarazos pueden aparecer dolencias en el suelo pélvico. También las posturas defectuosas, la falta de ejercicio y las sobrecargas mentales de larga duración pueden ser causas de debilidad del suelo pélvico.

Baños de sensaciones alternantes
Primero muy animada, luego muy deprimida

Equilibrar fluctuaciones emocionales y estabilizar los estados de ánimo.

Encontrar el equilibrio

Los procesos de cambio que se completan en el climaterio también imponen a muchas mujeres unas limitaciones psíquicas, pues las subidas y bajadas hormonales también producen fuertes oscilaciones anímicas. «Primero muy animada y luego muy deprimida»: así describen muchas mujeres su situación emocional en esta época.

¡Sé indulgente contigo misma!

En la fase del cambio climatérico surge todavía un agravante más: si, ocasionalmente, una adolescente quinceañera reacciona de forma extrema y pierde los nervios, las personas de su entorno quizá levanten algo una ceja, encojan los hombros y piensen: «¡Esa no es forma de comportarse para una joven!»

Pero cuando una mujer en sus mejores años, hasta ahora conceptuada razonable y sensata, empieza súbitamente a gritar o estalla en sollozos, quizá se eche a sí misma una mirada de indignación y las reacciones de los demás no sean lo peor. Si una mujer pierde los nervios en el climaterio, se juzga con mayor severidad que quienes le rodean.

Las causas hormonales

El hecho de que las mujeres en el climaterio suframos oscilaciones anímicas, tendencia al llanto, irritabilidad o depresión, puede deberse a muchas causas. Puede ser que así se eludan, con toda seguridad, las preocupaciones y problemas más frecuentes en esta fase de la vida: la despedida de los sueños y expectativas personales; los hijos que abandonan el hogar paterno; el miedo ante la pérdida de la juventud; la muerte de las personas cercanas (por ejemplo, de los propios padres); momentos de tensión como los mencionados pueden sacar de sus casillas hasta a los espíritus más templados.

Junto a las causas emocionales, en las contrariedades depresivas del climaterio juegan un papel muy importante las oscilaciones hormonales. Las modificaciones en el balance hormonal no sólo ejercen su efecto negativo sobre el útero y los ciclos menstruales, sino también sobre el sistema nervioso vegetativo. Si desciende el nivel de estrógenos, se eleva la concentración de la denominada monoaminoxidasa (MAO), una enzima que debilita los neurotransmisores (que son las materias químicas encargadas de transmitir los mensajes en el sistema nervioso) responsables de la estabilización de los estados anímicos.

También los niveles de progesterona y testosterona tienen efectos semejantes en el sistema nervioso. De este modo, las hormonas regulan el apetito, el ánimo, la capacidad de memoria y el sueño.

> Manda al exilio a tus críticos internos, que hacen que tu vida se complique más de lo necesario. No somos robots, y nadie puede estar siempre de buen humor, tranquila y dueña de sí misma y, por supuesto, eso también reza para una mujer climatérica. Intenta ser contigo misma la mitad de severa de lo que lo son las personas de tu alrededor.

Compensar de modo natural el déficit hormonal

Si no hay nada que te eleve el ánimo, o si durante mucho tiempo te sientes agotada o si te superan los inconvenientes más insignificantes: la medicina natural y la homeopatía disponen de una gran cantidad de remedios que pueden, al menos en parte, compensar las fluctuaciones hormonales y te ayudan a superar mejor las agotadores emociones de esta época. A partir de la página 41 encontrarás un resumen de todas las plantas y preparados que sirven para aliviar y luchar contra las molestias provocadas por el climaterio.

Pero no olvides que estos remedios precisan de tiempo para desarrollar plenamente su efecto. En muchos de los casos se podrán observar sus primeros efectos benéficos pasados unos días, pero en otros casos deberás dejar transcurrir semanas. ¡Ten paciencia!

> No hay persona que, de vez en cuando, no se sienta enfadada, triste o melancólica. Pero no todos los malos humores tienen que ver obligatoriamente con el cambio hormonal que se produce en el climaterio. Muchas veces se deben a las frustraciones que padecemos a lo largo de nuestra vida diaria. En este caso sirve de ayuda enfrentarse a los problemas y conseguir el apoyo de personas de nuestra confianza.

Cuando la noche se hace día

Las oscilaciones hormonales también pueden ejercer presión en el ánimo de formas muy variadas. Si una mujer, durante mucho tiempo, ve interrumpido su sueño varias veces por la noche a causa de los golpes de sudor típicos de la menopausia, no descansará realmente y acusará fatiga. No resulta extraño que aparezca una falta de estímulos y agotamiento.

> Quien durante todo el día se siente sin fuerzas y débil, puede conseguir un pequeño milagro gracias a la ayuda de preparados vegetales como el espino albar o majuelo *(Crataegus monogyna)* y el romero *(Rosmarinus officinalis).* El espino es un fortificante cardíaco, el romero activa el sistema circulatorio y fortalece la presión sanguínea.

Alteración de los hábitos del sueño

Pero con el cansancio no resulta suficiente. Cuando una es arrancada de las fases de sueño profundo en varias ocasiones a lo largo de la noche, no sólo se frena la liberación de los neurotransmisores encargados del sueño, sino que también resulta afectado el siempre predispuesto sistema regulador de la temperatura corporal. A ello se añade que, con el climaterio, se puede modificar el ritmo individual de sueño de la mujer. Algunas mujeres precisan de mucho tiempo para quedarse dormidas; otras duermen en general menos profundamente y se despiertan más a menudo que antes. También estos fenómenos tienen causas hormonales. Pero en este caso las responsables son las hormonas del sueño y del estrés, cortisona y adrenalina. Ambas sólo mantienen un pequeño nivel en la sangre durante las fases de tranquilidad nocturna. Si se eleva el nivel, la mujer se despierta. Con edades más avanzadas estas perturbaciones se pueden dar más a menudo, sobre todos en las primeras horas de la mañana. Es posible que la noche haya finalizado a las 5 de la mañana...

Las píldoras para dormir no son la solución

Las noches sin sueño pueden ser una verdadera tortura, y a primera vista puede resultar tentadora la ingesta de pastillas para dormir. Pero estos medicamentos acarrean importantes riesgos y deben ser tomados bajo un estricto control médico, aunque nunca más de cuatro semanas seguidas. Muchos tranquilizantes y somníferos pueden ser adictivos, de modo que con el tiempo se van necesitando dosis cada vez más elevadas para poder dormir. Tras dejar el médicamente pueden aparecer fenómenos de síndrome de abstinencia, bien físicos o mentales tales como los estados de ánimos depresivos, falta de concentración, intranquilidad, miedo, dolor de cabeza, malestar, tensión muscular o temblores.

¿Melatonina como remedio milagroso?

Desde que los investigadores americanos del sueño descubrieron que la melatonina, hormona propia del cuerpo, influía en el ritmo día-noche y que elevaba la predisposición al sueño, el comercio norteamericano ha sufrido un verdadero *boom* en lo que se refiere a esta sustancia. También en Alemania la melatonina se ha utilizado, y no solo como remedio para dormir, sino también como rejuvenecedor, ya que coloca a medio gas todos los procesos generales en el cuerpo y sirve, por lo tanto, para el descanso y la regeneración. Sin embargo los médicos advierten sobre una ingesta incontrolada, pues las hormonas que produce el propio cuerpo, incluso en cantidades muy bajas, tienen gran influencia sobre una gran variedad de funciones físicas y pueden ejercer interacciones de unas sobre las otras.

No existen estudios a largo plazo que den testimonio sobre sus posibles efectos secundarios.

Consejos para un sueño sano

- **Mucho movimiento**
  Practica deporte con regularidad. No hay nada que provoque más disposición al sueño que el ejercicio. Es especialmente recomendable un paseo al aire libre por la tarde.
- **Ingerir pocas bebidas con cafeína**
  Bebe lo menos posible bebidas excitantes, en especial a partir de media tarde. El café, los tés negros y las bebidas de cola suben la tensión a las nubes y además provocan sofocos.
- **Alcohol con mesura**
  No hay nada en contra de algún chupito antes de acostarse, pero grandes cantidades de alcohol quitan al sueño su efecto relajante.
- **Cuidarse el estómago**
  Por la noche hay que procurar no comer cosas pesadas. Un estómago lleno hace que se fuerce una digestión lenta, y esto impide el sueño.
- **Cultivar las costumbres**
  Si tienes problemas para quedarte dormida, puedes programarte un ritual para irte a la cama por las noches: una bebida caliente (sin cafeína), una lectura ligera, música suave o unos ejercicios de relajación preparan al cuerpo para la tranquilidad nocturna. También el yoga sirve para favorecer el sueño.
- **«Quien mala cama hace, en ella se yace», dicho popular.**
  Una buena cama debe ser lo suficientemente ancha como para poder darse la vuelta en ella con comodidad. Un colchón firme, pero elástico, y un somier flexible que se puede colocar según tus necesidades individuales te procurarán una mejora de la calidad del sueño.

- **Encontrar tu ritmo personal**
  Respeta, siempre que puedas, tu ritmo personal de sueño. Piensa si te viene bien una siesta, aunque puede ocurrirte que por las noches no estés suficientemente cansada para poder dormir. Y no intentes recuperar por el día el sueño perdido, ya que esto perturba el ritmo día-noche.
- **Un clima agradable**
  También la temperatura de la habitación tiene influencia sobre el sueño. 18 grados centígrados es lo óptimo. Con más calor se suda, y con menos se inhibe la evaporación de líquidos.
- **No desnaturalizar la funcionalidad del lecho**
  La cama es para dormir (y para el sexo). No la utilices para trabajar, para ver la televisión, leer o descansar.
- **No te generes presiones**
  Si no puedes dormir, no estés mirando constantemente el reloj, de lo contrario acabarás por programar internamente tu hora de levantarte. No cuentes las horas que todavía te quedan de sueño, pues estarás sometido a presión. Una semivela, pero con un discurrir relajado de la noche, no tiene por qué constituir una catástrofe. Quizá tu cuerpo ya no necesite dormir más. Si al estar acostado observas que te despabilas, lo mejor es que te levantes y pasees un poco por la habitación o leas algo. Esto contribuirá a relajarte.
- **Ayuda para los sofocos**
  Si te despiertas a causa de los ataques de sudor, amplia tu reserva de hormonas a base de remedios de medicina natural (véase página 41 y siguientes) y ten a mano una toalla y un camisón de reserva.

De repente falta el ritmo

Incluso aunque estemos satisfechas con la pérdida del periodo menstrual, realmente hay algo que echamos de menos: el ritmo que nos regula. En todos los años de fertilidad corporal, el ciclo femenino ha dividido nuestra vida en intervalos temporales, más a menos precisos, de un mes.

> El romero, tomado como infusión, sirve también en el caso de dolencias gastrointestinales.

Quizá no prestemos una atención consciente a la pérdida de esta constitución. Pero inconscientemente notamos que nos falta algo y nos sentimos inseguras. Es como si la regularidad del ciclo nos hubiera otorgado una base de orientación y apoyo. Si de repente falta este ciclo, surge un vacío, que debe llenarse con una nueva constitución.

> El hipérico es un clásico entre los remedio vegetales contra los estados anímicos depresivos. Sirve de ayuda en estados de intranquilidad y carencia de sueño, y tiene un efecto positivo sobre las fluctuaciones de ánimo típicas del climaterio. Esta hierba se puede adquirir en las farmacias y en los herbolarios, en forma de infusión, tintura o en cápsulas.

Las fases lunares

Las fases de la luna siguen el mismo ritmo temporal que los ciclos femeninos y sirven, por tanto y en cierta medida, para nuestros objetivos. Hazte con un calendario lunar y verás los aspectos que te gustaría integrar en tu vida. Es indiferente que sea decidir en qué momento del futuro vas a cortarte el pelo u orientar tu alimentación según el estado del satélite de la Tierra. La asociación de tu actividad con las fases cambiantes de la Luna te ayudará a encontrar nuevos ritmos.

> En el caso de dolencias psíquicas, como contrariedades depresivas y trastornos del sueño, los aspectos hormonales juegan, con toda seguridad, un papel importante. Pero también existen otros factores, como la pérdida del ciclo mensual, que pueden sumirte en una sensación de desorientación y provocar miedos aparentemente infundados.

Las estaciones del año

Un buen auxiliar para nuestra orientación lo ofrece también la repetición cíclica de las estaciones. Toma los solsticios o los equinoccios (el 20/21 de diciembre, marzo, junio y octubre) como motivo de pretexto para una pequeña fiesta y sé consciente de la calidad de vida totalmente distinta que se disfruta en primavera, verano, otoño e invierno. Decora tu casa armonizándola con temas asociados a la estación correspondiente y piensa cuáles son los paseos que más te gusta dar en cada una de las estaciones.

> No siempre los trastornos de sueño tienen que ver con el climaterio. ¿Te molestan los ronquidos de tu pareja o, sencillamente, duermes mejor estando tú sola? Entonces ha llegado el momento de tener habitaciones separadas.

Fiestas familiares

Junto a estos importantes ritmos, cada familia posee sus propios días especiales al año. Los cumpleaños, días de boda, aniversarios..., todos son hitos fijos de cada el año y te puedes regir por ellos. Si no te gusta participar personalmente en esas fiestas, puedes utilizarlas de otro modo, por ejemplo permaneciendo en silencio durante un minuto, o bien colocando una vela, como homenaje a la persona festejada. Este pequeño ritual enviará a tu subconsciente la señal que necesita para el mantenimiento de su ritmo interior.

> Ya hace unos 50 años el médico suizo Bircher-Benner (el inventor del muesli Bircher) desarrolló la terapia de la organización. Esta terapia nos debe ayudar a escuchar nuestro reloj interno y a mantener con un ritmo natural las fases de trabajo y ocio, las del sueño y la vigilia, y las del esfuerzo y el descanso. La terapia de la organización forma parte hoy en día de las bases de la medicina psicosomática.

Estructurar el día

Justo cuando en el climaterio se te abren las puertas de una nueva libertad de acción y tienes más tiempo libre que antes, merece la pena dar algunos pasos más en esa dirección.

Dale una estructura no sólo al año, sino incluso al día, a la semana y al mes, ya que de lo contrario podría ser que el tiempo se te escapara de las manos. Las actividades que planees para una determinada hora de un determinado día del mes no sólo sirven de ayuda para la orientación relativa a tu ritmo interior, sino que ayudan a superar la pereza.

Si, por ejemplo, reservamos un determinado día de la semana para un curso de yoga, debemos asistir inexcusablemente a él. En caso contrario, si actuamos sin planes prefijados en el tiempo y nos limitamos a cumplir en nuestra propia casa con un programa de ejercicios, la necesidad, motivación y disciplina se hacen claramente más bajas y las semanas transcurren sin que nuestras buenas intenciones se lleven realmente a la práctica.

> Si tu cuerpo ha dormido lo suficiente, te expulsará inmediatamente del reino de los sueños.

Rechazar cargas innecesarias

Cuesta mucho esfuerzo superar las dificultades que el cambio hormonal y la alteración del ciclo femenino ponen en nuestro camino. No es sorprendente que lo percibamos como algo agotador o agobiante y que tengamos la sensación de que el día a día nos arrolla. Cada problema por separado puede constituir una pequeñez, pero, al sumarse, todas estas dificultades nos pueden superar. Si te sientes agobiada por las obligaciones y los deberes es señal de que ha llegado el momento de establecer prioridades. Ponte a buscar a los que roban tu energía vital. Cuando los reconozcas y aprendas a evitarlos desaparecerá la sensación de sobreexigencia y agotamiento, causas que en muchas ocasiones hacían que en ocasiones reaccionaras de un modo irritado.

> No resulta demasiado complicado desprenderse de cargas, pues nuestra vida se define, mirada de cerca, por gran variedad de acontecimientos repetidos de forma regular.

Arreglar el balance energético

Naturalmente no se puede desterrar de nuestra vida diaria todo lo que resulte cansado o suponga un esfuerzo, y no todo puede ser sólo diversión. Pero en las épocas que suponen una carga, como puede ser el climaterio, no puedes permitirte agotar tus depósitos energéticos. A menudo nuestro propio perfeccionismo es quien nos dicta determinadas exigencias y obligaciones, causando con ello el agotamiento de nuestras propias fuerzas. Así, las «superamas de casa» deben preguntarse si el fregadero de acero es necesario, realmente, fregarlo a fondo 5 veces al día o bien si la capa de polvo de los muebles puede permanecer en ellos durante algún tiempo más. Y los infatigables miembros de la familia deben reflexionar si tanta agotadora visita no se realiza, en realidad, sólo por una mera sensación de obligación. El mundo no se va a caer porque no asistas a alguna de ellas.

¿Dónde se invierte la mayor parte de la energía?

- Anota, durante un tiempo, en lo que has gastado el día. Reflexiona cada noche qué actividades debes continuar practicando y cuáles te puedes ahorrar. Con «actividades» nos referimos también a relajarse, leer o meditar.
- Describe las sensaciones que has experimentado en cada actividad. ¿Fueron especialmente fatigosas?, ¿cuáles te han hecho reaccionar?, ¿te han servido de provecho o no?, ¿te han sentado bien, te han divertido?
- Coloca bajo la lupa tus contactos con otras personas. ¿En algunas visitas te encuentras realmente cansada, y en otras te animas y te vas a casa de buen humor? También fiestas y reuniones que deberían ser divertidas pueden resultar agotadoras, sobre todo si no te gusta un pelo ir a ellas o salir.

- A base de tus anotaciones debes realizar un nítido balance energético, en el que las actividades que te fortalezcan estarán colocadas en la parte de la derecha y las que te supongan un esfuerzo estarán en la parte izquierda.
- Suprime de tu vida diaria, en la medida de lo posible, muchas de las actividades cotidianas que estén colocadas en la parte izquierda. Si no lo consigues al primer intento, ten un poco de paciencia y no te enfades, pues eso también supone un consumo de energía. Intenta planificar, tras cada actividad negativa, una positiva para equilibrar.

Apearse del carrusel de las reflexiones

En fases de carga emocional, como el climaterio, no siempre resulta sencillo mantener el sosiego interno. Nos devanamos los sesos durante días o semanas sobre nuestros problemas y dificultades y le damos vueltas a cómo podría haber sido si en cierto momento de nuestra vida hubiéramos actuado en forma distinta a como lo hicimos. O nos enfadamos por cosas que no podemos cambiar (o pensamos que no podemos cambiar).

Hay mujeres en las que este carrusel de pensamientos llega a tales dimensiones que casi no tienen un momento de calma. Los ejercicios de relajación y meditación te pueden hacer desechar esos pensamientos siempre cíclicos y hacer que vuelva la tranquilidad.

Basta, sencillamente, con colocar los pies en alto durante media hora. Esto relaja y recarga tus reservas de energía.

Las despedidas duelen

Durante el climaterio muchas mujeres se enfrentan a un tema que no tiene que ver con el cambio hormonal, sino más bien con la fase vital. A menudo suele ocurrir que en esta época aparece un cambio en nuestro entorno social. Si se tiene hijos, ya han crecido. Cuando cortan el cordón umbilical con la familia y se mudan a su propio piso, seguro que lo aceptarás con una sonrisa, y lágrimas en los ojos.

> Reflexiona si, realmente, merecen la pena las actividades que consuman tus fuerzas físicas y psíquicas. Si hay un derroche demasiado elevado, prescinde de ellas.

Por una parte ganas más tiempo y libertad, pero por otra hay una pizca de nostalgia al pensar que las personillas que durante todos estos años habían sido guiados por ti, ahora se han hecho mayores y se saben organizar por sí mismos. Este tipo de despedidas duelen, a pesar de los momentos duros y de las desavenencias que, seguro, habrán existido. Pero a la vez se alberga la posibilidad de colocar la relación con tus hijos sobre una nueva y más madura base y de esa forma disfrutar de sus futuras visitas de modo distinto al que constituía tu vida cotidiana anterior. Permanecer unidos a pesar de la separación física depende menos de la cantidad de tiempo que se pasa juntos que de la intensidad y de los honestos intereses que manifiesten unos con los otros.

> Disfrutar de la vida a grandes tragos,
> en cualquier momento.

Cuando hay crisis en la pareja

Mantener fresca una relación a largo plazo es una tarea complicada. Quien vive una relación durante muchos años ya ha dejado tras de si, por regla general, la fase de las «nubes rosadas» y, con mayor o menor intensidad, ya ha plantado los pies en el suelo.

> «Hacerse mayor no es para cobardes» dijo una vez Mae West, la diva de Hollywood, y no estaba equivocada. ¿No será que sólo reconozcamos adecuadamente el valor de la vida cuando el incesante tic-tac del reloj vital nos pisa realmente los talones?

En el caso ideal él constituye el mejor compañero durante esta fase crítica del climaterio y sirve de verdadero apoyo para su mujer. Cuando ella se encuentra sumida en sus horas bajas, le ofrece consuelo y un hombre en el que apoyarse.

Aprovechar las oportunidades

Este caso ideal, por desgracia, no constituye una regla general, pues también los hombres son sólo personas. Una mujer que entiende el climaterio como un paso hacia una madurez física y mental y que lo utiliza para su desarrollo personal experimenta un cambio. Y eso es lo que les da miedo a muchos hombres. «¡En realidad, ya no eres como antes!», reza uno de sus lemas favoritos.

A ello se añade que muchos hombres en esta época sienten que se exigen demasiado a sí mismos. También ellos notan que los años no pasan en balde y que sus reservas de fuerzas no son inagotables. A veces los hombres también luchan por lo que han conseguido hasta ahora en la vida, o se ven frustrados al ver como sus jóvenes colegas de trabajo les superan.

> ## *No tomar decisiones de un modo irreflexivo*
>
> Antes de pensar en una separación, pues no encuentras ya nada bueno en tu relación, debes pensar: quizá no es una incompatibilidad mutua, sino una depresión climatérica que hace que todo tenga una monótona luz gris.
> Si tus nervios no sólo están de punta en cuanto a tu relación, sino que también son muchos los aspectos en los que te sientes sobreexigida, debes pensar en valerte de la ayuda de un terapeuta.

Ambas partes de la pareja se encuentran en una fase crítica de la vida y eso puede ser realmente agotador. Si los hijos se han ido de casa, la pareja queda, igualmente, en una situación poco habitual: están los dos a solas. Quizá se hayan perdido de vista en el ajetreo del día a día familiar y ahora deben volver a conocerse. Esto puede dar oportunidad a un relajante reencuentro, aunque también acarrea algunas dificultades, en especial cuando ambos están convencidos de que su pareja o matrimonio sólo se han mantenido gracias a los hijos. Por tanto, es preciso colocar a la pareja sobre otra base distinta, nueva y sólida.

> No debes tener vergüenza en dejarte aconsejar por un terapeuta de parejas o un consejero matrimonial. Los grupos de autoayuda también te ofrecen su apoyo en momentos de crisis.

Tener más comprensión el uno con el otro

A menudo las discusiones se pueden evitar cuando las dos partes de la pareja son capaces de ver no sólo sus problemas, sino también los del otro. Hacerse reproches mutuos no conduce a nada. No obstante, una conversación abierta y clara puede ayudar a superar con éxito esta crisis.

> Imaginemos el climaterio como una montaña que hemos de escalar, otra más entre tantas pequeñas cargas que nos tenemos que echar a los hombros.

Cuando el abismo existente entre las dos partes de la pareja se ha hecho tan grande que ya no resulta posible una conversación, puede resultar necesaria, según las circunstancias, la intervención de una persona ajena. ¡No os enfrentéis solos a vuestros problemas!

> Nuestras ideas personales sobre los valores están marcadas por nuestro entorno social y, en primera instancia, por nuestra familia. Cada una debe decidir por sí misma si ese sistema de valores se corresponde realmente con los ideales propios o si es mejor que cada una genere sus propias estimaciones y luego las viva.

La melancolía de la edad

Con la entrada en el climaterio un tema que antes era muy lejano se vuelve muy actual: la edad. Si de repente nos hacemos abuelas o nos vemos rodeadas de colegas más jóvenes, las marcas del tiempo resultan inconfundibles.

Muchas mujeres en esta fase de la vida nos enfrentamos, además, a temas distintos al de la edad, también a la muerte: cuando son los propios padres los que caen enfermos, y precisan de ayuda o fallecen, nuestra propia y cruda realidad se nos coloca frente a los ojos. Sí, nos hacemos mayores.

Sin embargo, los años también nos sirven para hacernos más maduras, experimentadas e independientes. Las mujeres en el climaterio tienen toda una serie de oportunidades al alcance de su mano. ¡Sólo tienen que limitarse a aprovecharlas!

¿Cuándo necesitas ayuda profesional?

Resulta muy sencillo rebasar la frontera que existe entre lo que es una mera contrariedad temporal y lo que constituye una depresión que precise de tratamiento, incluso aunque sólo respondas afirmativamente a uno o varios de los grupos de preguntas que aparecen a continuación, te resultará muy recomendable buscar una terapia de ayuda. De hecho, un terapeuta no puede servirte para solucionar tus propios problemas, pero te puede mostrar caminos que te liberarán de tus depresiones. ¿Cómo te encuentras en el aspecto mental?

- ¿Sueles estar durante tiempo sin ganas de hacer nada y abatida? ¿No consigues animarte y preferirías quedarte todo el día en la cama?
- ¿El futuro te aparece como vacío de esperanza y no ves ninguna posibilidad de que tu situación mejore?
- ¿Te torturas durante días o semanas con dudas y reproches sobre tu propia persona? ¿Te parece que nada tiene valor y no encuentras sentido a la vida?
- ¿Lo ves todo más negativo que antes? ¿Los problemas se acumulan ante ti como un muro y tu día a día te parece complicado? ¿No puedes tomar decisiones?

- ¿Oscilas entre estados anímicos extremos? ¿Se entremezclan en tu ánimo fases de inquietud nerviosa y constante intranquilidad con tiempos de letargia total?
- ¿Tiendes a padecer comportamientos alimenticios extremos? Los ataques violentos de apetito, igual que el tener hambre de forma continuada, pueden ser igualmente una llamada de auxilio de tu mente.

Psicofármacos: ¿una salida o una trampa?

Desgraciadamente, todavía hoy en día existen muchos médicos que se apresuran a recetarte psicofármacos. Esto realmente puede tener que ver con que los médicos, así como también los pacientes, buscan las soluciones más rápidas para todas las dolencias, problemas y dificultades. La superación de una depresión mental, como la que sufren muchas mujeres en el climaterio, precisa de mucho tiempo. Con remedios tranquilizadores o antidepresivos se pueden conseguir dominar los síntomas que aparecen, pero las causas reales no se modifican. Más bien al contrario. Las «*mother's little helpers*»,[7] como llaman los estadounidenses a los psicofármacos, reducen tanto las fluctuaciones de ánimo de la mujer que la dejan imposibilitada para percibir evidentes pasos hacia una mejora positiva de su vida y, por ello, no pueden acceder a ellas.

> En crisis agudas los psicofármacos se pueden utilizar temporalmente para una estabilización. Sin embargo su empleo debe limitarse a casos excepcionales y debe ir inexcusablemente combinado con psicoterapia de ayuda para superar los problemas.

---
7. N. de la T. «Pequeñas ayudas de mamá».

Sesiones de caricias para el espíritu
Hacer más a menudo lo que te sienta bien

El programa completo para mimar, relajar y recargar la energía.

¡Por fin, tiempo para mí!

Aun cuando a veces no quieras admitirlo, por regla general sólo se dispone de unas limitadas reservas energéticas. Si quieres sacar el máximo de tu potencial de fuerzas, debe preocuparte siempre de volver a recargar «las pilas». Esto, en la época del climaterio, resulta más importante que nunca, pues existe una sobreexigencia física y mental. No es equivocado decir que las modificaciones se deben «asimilar». Recurre a los depósitos de energía que llevan mucho tiempo sin ser utilizados y descubre nuevas fuentes de energía. Para abastecerte bien es condición previa llegar al climaterio de forma saludable, tanto en lo físico como en lo psíquico.

> En épocas difíciles a menudo resulta complicado animarse, incluso con respecto a aquellas cosas que nos ayudarían a disfrutar de un mayor bienestar. Haz un esfuerzo y supera tu apatía interior. No es anómalo que la alegría surja mientras haces cosas. Relaciónate con otras personas, pues este primer paso será más sencillo si lo compartes con alguien.

Disfrutar la tranquilidad

Si miras a tiempos pasados, pude ocurrir que te preguntes, sorprendida, cómo has logrado hacer todas esas cosas. Predominantemente somos las mujeres las que debemos encontrar un equilibrio entre niños, casa y trabajo. Nos preocupamos de que la nerviosa actividad del día a día no le afecte a nadie (a nadie que no sea a ti misma). Si tienes hijos, ¿cuántas veces no has deseado disponer de una hora para ti?

Tan pronto como nuestros amados «pelmazos» crecen y se van de casa, esa hora propia ya no queda tan lejos. Ahora tendrás tiempo a porrillo. Despídete de tus viejas costumbres y deja de deambular por la casa buscando cosas para hacer. Ya no hay nadie al que debas perseguir recogiendo sus cosas. No hace falta que hagas la colada más de cinco veces a la semana y que el baño tenga que estar asombrosamente limpio. Debes sentarte en el sofá (o incluso tumbarte en él) con la conciencia tranquila y obligarte a vaguear a placer. ¡Disfrútalo! Deja de mirar constantemente el reloj. Aunque te parezca complicado, aprende a disfrutar de la tranquilidad que antes anhelabas tanto.

Descubrir tus propios intereses

¿Anteponías en tu vida los intereses de los demás a los tuyos? Entonces ya es momento de colocarte de nuevo en el centro de tu atención. ¿Cuales son tus intereses personales?, ¿qué te hace feliz?, ¿qué hobbies tuviste que estar aplazando constantemente en el pasado?, y ¿qué facultades te quedan aún por descubrir?

Por fin una mujer tiene tiempo para un curso de idiomas y así entenderse mejor en las vacaciones. Otra descubre la alta cocina y acude a seminarios profesionales.

Algo ocurre en el nuevo tiempo libre, sobre todo en el círculo de buenos amigos....

Existen muchas posibilidades y lo que es adecuado para otras mujeres, no tiene por qué ser bueno para ti. Introspecciona tus sentimientos y luego actúa en consecuencia: prueba varias cosas hasta que descubras en qué invertir tus esfuerzos personales.

> Lentamente se va sintiendo que ya no se tiene las fuerzas de una veinteañera. Algunas actividades ya resultan más fatigosas que antes, y quien hace una explotación extrema de sus energías llega rápidamente al borde de sus fuerzas. Por ello es muy importante volver a cargar las reservas personales, hacer cosas que te supongan recuperación y produzcan alegría. ¡Tómate tiempo para ello, merece la pena!

Todo lo que te beneficie

Junto a estas actividades de tiempo libre existe todo un abanico de posibilidades para mimarse una misma: bien sea aromaterapia con masajes y baños de olor, aplicaciones ayurvédicas, visitas a la sauna o amplios paseos, obséquiate de forma regular con estas caricias para el cuerpo y la mente. Te ayudarán a compensar el nerviosismo, las oscilaciones anímicas y los estados de agotamiento. Simultáneamente aportarán alivio para alguno de tus trastornos físicos y psíquicos. Algunos de los métodos y formas de terapia que se describen a continuación son apropiados para un autotratamiento, pero para otros deberás ponerte en contacto con especialistas.

> Con olores, flores u otras cosas bellas puedes dar lugar a un día a día agradable.

Aromaterapia

Hay pocas personas a las que resulte desagradable el olor de las flores, la madera o las hierbas. En todos los herbolarios, en tiendas bioecológicas o en ventas por correo, se ofrecen aceites esenciales; la oferta es variada y asequible.

Hace mucho que cayó en el olvido el hecho de que las esencias aromáticas poseen un efecto curativo básico, pero esta circunstancia es conocida en Europa desde hace mucho tiempo. Los más antiguos testimonios históricos sobre la aplicación curativa de los aceites esenciales se remonta al año 2000 a. de. C.

Según *Aromaterapia*, el libro de René Gattefossé, un químico y perfumista francés, ese antiguo saber ha experimentado un gran renacimiento en los últimos decenios. Lo destacable en los aceites esenciales se basa en que no sólo elevan el bienestar físico, sino que también mejoran el ánimo y pueden aliviar las depresiones.

Una característica que sin lugar a dudas es de gran importancia para las mujeres que están en el climaterio es que, además de poseer un olor agradable, determinados aceites ayudan a superar el abatimiento y el desánimo. Por ejemplo, la albahaca *(Ocimun basilicum)* actúa contra la sobreexcitación y la falta de concentración: un par de gotas de este aceite en el pañuelo y en las fases de gran cansancio y tensión te servirán para que haya más sosiego y que los espíritus cansados vuelvan a animarse. Otros remedios sirven contra las depresiones anímicas: el jazmín *(Jasminum grandiflorum)* aporta alegría, la rosa *(Rosa gallica)* alivia y es reconfortante, el ylang-ylang *(Cananga odorata)* te hace más alegre.

> Como aceites portadores (o de base) son apropiados, por ejemplo, los aceites de almendra, aguacate y onagra.

Masajes con aceites aromáticos

El masaje no sólo es el más común sino también, sin duda, el método aromaterapéutico más agradable. Su objetivo, junto a la eliminación de tensiones y la mejora del riego sanguíneo, es infiltrar en el cuerpo esencias aromáticas y de esa forma contribuir al desarrollo de sus efectos. En este tipo de masajes no se trata de hacer complicadas maniobras especializadas, sino más bien realizar suaves caricias llenas de ternura, es decir, algo que anhelan la mayorías de las personas y que se pueden dar a sí mismos y a los demás sin necesidad de grandes conocimientos especializados. Realízalos con tu pareja o con una buena amiga y mimaos mutuamente. Las reglas son bien sencillas.

Advertencias importantes

- Los aceites esenciales tienen una alta concentración. Sólo deben ser utilizados en forma de gotas y no sobre la ropa ni sobre superficies sensibles.
- No utilizar más de la cantidad recomendada. La sobredosificación de estos aceites puede resultar nociva para la salud.
- Los aceites esenciales nunca se deben administrar puros sobre la piel (excepciones: los aceites del árbol de te[8] *[Melaleuca alternifolia]* o de lavanda *[Lavandula officinalis]*, para el tratamiento de los hongos de los pies o para las pequeñas quemaduras, se deben utilizar sin diluir).
- Las esencias nunca se deben utilizar para su aplicación interna sin hablar antes con un homeópata o un médico.
- Si nos cae aceite esencial en los ojos, hay que lavarlos con aceite puro de almendras (¡nunca con agua!) y visitar al oftalmólogo.

---

8. N. de la T. *Tea Tree,* no tiene relación con el té ordinario, es una planta autóctona de la costa oriental de Australia.

Hacer del baño una experiencia

No existe nada más relajante que un humeante baño con aceites esenciales. En esa atmósfera de calor húmedo los aceites liberan más moléculas aromáticas que en el caso del masaje. El agua caliente del baño hace que la piel se ablande y sea especialmente absorbente, de tal modo que los aceites pueden desarrollar toda su fuerza en el cuerpo y la mente.

Quien utilice varios aceites a la vez no sólo percibirá la totalidad de su efecto, sino sus aromas independientes. Por medio del calor, las esencias se divulgan en ondas que, a veces por separado o a veces conjuntamente, se elevan del agua del baño. Según su aroma, tienen un efecto estimulante, relajante o tranquilizador. Simultáneamente sirven de un modo muy natural para el cuidado del cuerpo.

> En el caso de los aceites esenciales, existe una gran variedad en cuanto a calidad. Los aceites extremadamente económicos son productos realizados sintéticamente y carecen de efectos curativos, lo mejor es comprarlos en el comercio especializado.

La preparación adecuada

- Prepárate un caliente cuarto de baño con una toalla enrollada, discos de algodón para los ojos y toallas precalentadas.
- Para cada baño debes usar, como máximo, entre ocho a diez gotas. En los aceites especialmente aromáticos, como es el caso del eucalipto, la lima y el romero un máximo de cinco gotas, en el caso del limón basta con un máximo de dos a tres gotas.
- Mezclar los aceites con dos cucharadas soperas de nata dulce y, con la puerta cerrada, echarlas en el agua del baño mientras está corriendo. Por medio de la mezcla con una

base evitamos que las gotas aisladas del aceite esencial sobrenaden en el agua y puedan llegar a tener contacto, sin diluir, con nuestra piel.

> Tras un baño aromaterapéutico caliente, ha llegado el momento ideal para mimar de modo especialmente adecuado la piel. ¿Lo has intentado con extracto de algas? Un paquete de productos del mar contiene muchas sustancias importantes que ayudan a tu piel a mantener su elasticidad.

- No añadir ningún otro tipo de aceite cuando ya haya uno evaporándose en el ambiente. El tiempo de evaporación asciende a 15 minutos o más. Menor cantidad tiene a menudo un efecto mejor, y una mayor cantidad del producto puede resultar excesiva y contribuir a provocar una desagradable irritación cutánea.
- La canela *(Cinnamomum zeylanicum)*, el jengibre *(Zingiber officinale)* y la pimienta negra *(Piper nigrum)* son poco apropiados como aditivos para el baño, ya que pueden irritar o quemar el cutis.

Aceites esenciales para el climaterio

Elige los aceites según tus preferencias en cuanto a los olores. Para crear buenas mezclas de varios aceites esenciales, es necesario tener algunos conocimientos y experiencia. Las personas sin experiencia se deben limitar a aceites independientes e ir probando las diversas combinaciones. No utilices nunca más de tres aceites por mezcla.

Relación de la mezcla: aproximadamente 3 gotas de aceite esencial por cada 60 mililitros de aceite base neutro (por ejemplo, aceite de almendras).

- **En caso de fluctuaciones anímicas:**
  Bergamota *(Citrus bergamia)*, citronela o hierba de limón *(Citronella paniculata)*, geranio *(Pelargonium adoratissimun)*, pomelo o toronja *(Citrus paradisii)*, jazmín *(Jasminum grandiflorum)*, lavanda *(Lavandula officinalis)*, lemongras *(Cymbopogon flexuosus)*, melisa *(Melissa officinalis)*, salvia moscatel *(Salvia sclarea)*, néroli o naranjo amargo *(Citrus aurantius)*, naranjo *(Citrus sinensis)*, pachulí *(Pogostemon patchouli Pell)*, petitgrain *(Petitgrain biguarade)*, rosa *(Rosa gallica)*, ylang-ylang *(Cananga odorata)*.
- **En caso de dolores por contracturas:**
  Bay Rum *(Pimienta racemosa)*, cajeput *(Melaleuca leucadendron)*, esencia de clavo *(Syzigium aromaticum)*, limón *(Citrus lemon)*.
- **En caso de calambres:**
  Semillas de anís *(Pimpinela anisum)*, albahaca *(Ocimun basilicum)*, cajeput *(Malaleuca leucadendron)*, verbena *(Verbena officinalis)*, angélica *(Angelica archangelica)*, tomillo *(Thymus vulgaris)*, esencia de milenrama o aquilea *(Achillea millefolium)*.
- **En caso de tensión nerviosa o irritabilidad:**
  Geranio *(Pelargonium adoratissimun)*, camomila *(Matricaria recutita)*, lavanda *(Lavandula officinalis)*, tilo *(Tilia platyphyllos o cordata)*, mandarina *(Citrus reticulata)*, rosa *(Rosa gallica)*, madera de sándalo *(pterocarpus santalinus)*, tangarina *(Citrus minneola)*, esencia de madera de cedro *(Cedrela odorata)*.
- **En el caso de falta de iniciativa y letargia:**
  Albahaca *(Ocimun basilicum)*, bay rum *(Pimienta racemosa)*, cajeput *(Melaleuca leucadendron)*, citronela o hierba de limón *(Citronella paniculata)*, angélica *(Angelica archangelica)*, jengibre *(Zingiber officinalis)*, pino silvestre *(Pinus sylvestris)*, romero *(Rosmarinus officinalis)*, tomillo *(Thymus vulgare)*.

- **En caso de falta de concentración y distracción:**
  Albahaca *(Ocimun basilicum)*, cardamomo *(Elettaria cardamomum)*, mejorana *(Origanum majorana)*, romero *(Rosmarinus officinalis)*, palisandro o palo de rosa *(Aniba rosaedora)*, hisopo *(Hyssopus officinalis)*.
- **Para el fortalecimiento del útero:**
  Jazmín *(Jasminum grandiflorum)*, melisa *(Melissa officinalis)*, salvia moscatel *(Salvia sclarea)*, mirra *(Commiphora molmol)*, esencia de clavo *(Syzigium aromaticum)*, rosa *(Rosa gallica)*, incienso *(Boswellia carterii Birdw)*.

Recetas básicas para los aceites de masaje

En contra de lo que pudiera hacer pensar su nombre, los aceites esenciales o etéreos no son grasientos y, realmente, no son aceites, sino esencias. Para su empleo en los masajes se mezclan con aceites de base vegetal o aceites portadores. La elección de los mismos debe ser orientada según el tipo de piel o a la sensibilidad.

- Para una piel madura: 2 gotas de rosa, 1 gota de lavanda y 1 gota de madera de sándalo en 60 mililitros (12 cucharaditas) de aceite de hueso de melocotón.
- En el caso de piel seca: 4 gotas de mirra y 1 gota de rosa en 60 mililitros (12 cucharaditas) de aceite de aguacate.
- En el caso de piel sensible o irritada: 1 gota de rosa y 4 gotas de camomila (manzanilla) romana en 60 mililitros de aceite de almendras dulces.

Técnicas de relajación

En el climaterio muchas mujeres están soportando más presión que nunca. Los responsables pueden ser factores exógenos, cambios hormonales o cargas mentales, pero el caso es que la constante tensión, las preocupaciones o la excesiva exigencia merman fuertemente las reservas de vitalidad. Para protegerse en el futuro y mantenerse alejada de cualquier tipo de estrés, lo sensato es no preocuparse tanto en lo que se refiere al trabajo o a la familia.

> Dejar volar los sentidos a base de diversos olores.

Lo mejor es aprender a relajarse profundamente para conseguir una serenidad interior y no salirse tan fácilmente del camino. A veces basta con quedarse tranquila durante un momento y respirar profundamente. Pero esto no siempre funciona. Los ejercicios de relajación especiales, como los que se describen a continuación, te pueden ayudar.

> Los aceites esenciales no sólo huelen bien, sino que también tienen un efecto especialmente benefactor. Un masaje aromaterapéutico es uno de los programas más adecuados para superar los vacíos anímicos y disolver tensiones.

Entrenamiento autógeno

El precursor del entrenamiento autógeno es el internista y neurólogo berlinés Johannes Heinrich Schultz, quien en 1930 observó que, mediante la autosugestión (es decir, la fuerza mental puesta sobre determinados estados anímicos), se podían provocar sensaciones de peso, calor y relajación en el cuerpo.

¿Qué efecto tiene?

El entrenamiento autógeno puede restablecer la armonía entre el cuerpo, la mente y el espíritu, lo que puede suponer el polo contrario del estrés de la vida diaria. El cansancio, la irritabilidad excesiva y la intranquilidad se pueden ver influidos de un modo muy positivo para ti, igual que ocurrirá con las dificultades de concentración y los problemas del sueño.

También, y según las circunstancias, se pueden llegar a aliviar las reacciones psicosomáticas.

> En el caso de los aceites esenciales, lo mejor es guardarlos en frascos de cristal oscuro, bien cerrados y en un lugar fresco. Por el efecto del calor o si se almacenan durante mucho tiempo, la sustancia se vuelve lechosa y turbia, pudiendo producir molestas irritaciones cutáneas.

¿Cómo funciona?

Siéntate o túmbate cómodamente (importante: no debes cruzar los brazos ni las piernas) e imagina que eres muy pesada, caliente y estás relajada; con el pensamiento deja que el corazón lata más tranquilo, que la respiración sea más profunda y equilibrada y que se cree una agradable sensación de calor en el estómago.

Con un poco de ejercicio conseguirás notar esta sugerente sensación. Lo mejor es tomar parte de los cursos que se imparten en multitud de centros de formación de adultos o en las asociaciones deportivas.

Relajación muscular progresiva

En 1920, el psicólogo Edmund Jacobson desarrolló su entrenamiento de relajación en la Universidad de Harvard. Comienza con la musculatura voluntaria, es decir, con los músculos que podemos controlar conscientemente y, uno tras otro, ve tensándolos y luego relajándolos.

De ese modo llegarás a percibir una relajación intensa y especialmente agradable en todas tus tensiones corporales, con el consiguiente efecto armonizante sobre el plano mental.

> Elige una técnica de ejercicios de relajación que se ajuste a ti y que te resulte realmente agradable. Prueba, con tranquilidad y sin prisa, varios métodos hasta que llegues a encontrar el adecuado.

¿Qué efecto tiene?

La técnica desarrollada por Jacobson es apropiada para el alivio de muchas afecciones crónicas relacionadas con las tensiones musculares: los trastornos del riego sanguíneo, los dolores de cabeza, la sensación de angustia, problemas al dormir, etc. Ya que se puede realizar sin llamar la atención, en cualquier momento (en el autobús, en una sala de espera...) se practican y también se comprueba si el cuerpo queda, o no, relajado. Así puedes llevar a la vida diaria la capacidad de relajación para la que te has entrenado.

¿Cómo funciona?

Lo mejor es aprender la relajación muscular progresiva de los músculos de forma tutelada, aunque en poco tiempo podrás practicarla por ti misma. Se lleva a cabo en posición sentada o tumbada, y la guía de Jacobson te indica determinados grupos musculares que debes tensar con fuerza y lo más posible durante varios segundos para, de un modo muy consciente, aliviar otra vez la tensión. De este modo aflojas todo el cuerpo, desde los dedos de los pies hasta los pliegues de la frente.

> Utiliza las pequeñas pausas en el día a día para el simple ejercicio de respirar con profundidad. Cierra los ojos y sigue los sonidos de tu inspiración y espiración. Unos cuantos segundos son suficientes para reponerte de las fases de estrés.

Meditación

¿No te suena muy tentadora la idea de ser como una tortuga y ocasionalmente poder ocultar la cabeza dentro del caparazón?

Todos los días nos vemos expuestas al mundo exterior y el cerebro está constantemente ocupado en captar los registros de los órganos sensoriales, asimilarlos y transformarlos en impulsos de reacción. Incluso cuando los ojos están cerrados, los oídos están dispuestos a la recepción y perciben constantemente los diversos ruidos del entorno.

> En un paseo por el campo se disipan las nubes de tu horizonte anímico.

La meditación ofrece la posibilidad de retirarse cada día de estos exagerados estímulos y de dirigir nuestros sentidos hacia el interior. Se trata de dejar relajado nuestro flujo de pensamientos y de permanecer en un silencio interior.

Sentarse tranquilamente

De acuerdo con las reglas clásicas, la meditación tiene lugar en posición sedente (sentada), ya que sólo así la mente queda realmente preparada para concentrase y dirigirse hacia el interior. Si se está de pie nos encontramos «con prisa», y si nos tumbamos en muy posible que nos quedemos dormidos.

> La palabra «meditación» tiene su origen en el latín, y significa «llegar al propio centro». Con ello se refiere a encontrar el propio equilibrio interior y volverse a concentrar en aquello que se considera esencial.

- Busca un lugar tranquilo para alejarte de perturbaciones exteriores. Siéntate en una silla y mantén la espalda recta (no se deben cruzar las piernas).
- Si prefieres sentarte en el suelo, puedes probar la postura del loto: sentada en el suelo y con las piernas estiradas. Colócate bajo el trasero un cojín de meditación o una manta doblada. La pelvis siempre debe estar colocada más alta que las rodillas, sólo de esa forma la columna vertebral queda erguida. Abre las piernas y en primer lugar lleva el pie derecho a la parte interior del comienzo del muslo izquierdo. Luego lleva el pie izquierdo, gira la planta del pie ligeramente hacia arriba y colócalo sobre la pierna derecha (cuarto de postura del loto) o sobre el muslo (media postura del loto). Ambas rodillas deben tocar el suelo. Luego enderézate y deja que los hombros desciendan. Las manos están apoyadas relajadamente, bien una sobre la otra o bien sobre las rodillas (las palmas de las manos miran hacia arriba). Pero sólo debes elegir esta posición si realmente es cómoda para ti, si notas un cierto hormigueo porque se te ha dormido un pie no estás en condiciones favorables para un ensimismamiento meditativo.

- Cierra los ojos y al principio concéntrate durante un par de minutos, más tarde concéntrate más tiempo en tu respiración y observa la forma en que las paredes abdominales y la caja torácica se elevan al inspirar y descienden al espirar.
- Cuando tus pensamientos se desvíen, vuelca de nuevo tu atención a la respiración. Los pensamientos deben estar ahí, pero ahora no son lo más importante.
- Con la práctica cada vez te resultará más fácil mantener la concentración. Luego podrás prolongar la meditación durante mayor espacio de tiempo.

> Para permanecer tranquila interiormente y conseguir el estado de meditación, puedes concentrarte en tu propia respiración o en un objeto: mira una flor, un cristal o un mandala;[9] o bien repite una y otra vez para ti misma una determinada palabra o una afirmación.

Fantasear

Otra posibilidad que ofrece la meditación es la de practicar lo que se denomina fantasear. El principio es muy parecido al de permanecer sentado tranquilo, pero en este caso nos concentramos en una voz ajena (que nos hable en persona directamente, o bien extraída de una cassette o de un CD) que toma de la mano a nuestra constantemente vagabunda mente y la lleva o bien hacia determinadas imágenes internas o bien sólo a una profunda relajación.

A muchas personas les resulta relativamente fácil prestar atención a la palabra pronunciada y no dejarse desviar por

---

9. N. de la T. En sánscrito, «mandala» significa «círculo». Son dibujos concéntricos con diversos temas (círculos, corazones, hexágonos, mariposas, cruces, etc.) y colores, preparados para contribuir a la relajación mental.

otros pensamientos. Para las personas no ejercitadas, fantasear ofrece una buena entrada en la meditación. Encontrarás cassettes o CDs sobre todos los temas en las librerías de psicología y esoterismo o en catálogos de ventas por correo.

Yoga

Si anhelas relajación y equilibrio interno, y quieres mantener el cuerpo móvil y en forma, el yoga puede llegar a ser un buen compañero. Quien lo practica regularmente fortalece su cuerpo y, además, llega a alcanzar mayor tranquilidad y paz interna de mente.

Con el paso de los años se ha configurado un sutil cambio del ajuste vital, pues el yoga se ha convertido (de modo consciente o inconsciente) en un objetivo popular al que todo el mundo apunta: la autorrealización.

> Tras una sesión de yoga, uno se siente de modo muy distinto al que se experimenta después de practicar una sesión de gimnasia: no se está cansado, sino relajado y lleno de energía.

Enlazar cuerpo y alma

El término «yoga» proviene del sánscrito y se refiere a la denominación del yugo con el que un buey tira delante de un carro o un arado. En un sentido figurado se entiende como la unión y la dominación independiente, en caso extremo también se refiere a las fuerzas contrapuestas (animal de tiro y vehículo).

Cada persona reúne en sí misma cuerpo y mente, y una evolución personal sólo es posible cuando ninguna de ambas partes está oprimida. El ejercicio corporal y el desarrollo mental van, por tanto, de la mano.

Cuando hoy en día se habla de yoga se trata, por regla general, del denominado Hatha-yoga, una enseñanza que, a base del despertar de la conciencia corporal, quiere llevar hacia la esencia consciente. Los tres pilares fundamentales de la práctica del yoga son las asanas (posturas del cuerpo), el pranayama (control de la respiración) y la meditación. Los suaves movimientos con los que la persona que lo practica se coloca en las asanas se deben llevar a cabo meditativamente y con una respiración consciente. Fortalecen el control corporal y la conciencia y eliminan de un plumazo los miedos al fracaso (esto no lo conseguiré yo nunca). Se expande un sentimiento de confianza y de alegre serenidad.

Renovación corporal

Con el yoga se ha hecho patente que la investigación médica en los últimos años se ha ocupado en detalle de los efectos de las antiguas prácticas indias. De ahí se ha llegado a la conclusión de que una práctica regular del yoga contribuye al fortalecimiento de todos los órganos internos y del aparato locomotor.

Quien mantenga su cuerpo sano y flexible mediante la práctica de asanas y pranayamas, puede mantener a raya el proceso del envejecimiento, ya que se llega a una renovación y a una estabilización de todo el organismo.

> Los cursos de yoga se ofrecen, por ejemplo, en los centros para la tercera edad y acostumbran a ser gratuitos. Además existen gran cantidad de libros y videos con cuya ayuda por lo menos podrás aprender los ejercicios básicos del yoga.

Consejos prácticos

- No permitas que una presunta falta de forma o una, supuestamente, avanzada edad te impidan empezar con el yoga. Más bien debes aprender a encontrar tu propio ritmo y a llevar a cabo las asanas que sean adecuados al marco de tu movilidad personal. Entre los principios del yoga se encuentra también el de reconocer y respetar las limitaciones personales.
- Las posturas básicas del yoga se deben aprender bajo una dirección. Aunque las asanas estén determinadas desde hace mucho tiempo, cada profesor tiene su propio estilo de instrucción que atiende más a unas que a otras. Por ello lo mejor es que practiques una o varias sesiones de prueba antes de darte de alta en un curso.
- Si en tu entorno no se oferta ningún curso de yoga, puedes comenzar con un video. También de esa forma es relativamente fácil. Resulta más complicado la práctica del yoga si se atienden a las explicaciones de un libro.
- Practica de un modo regular y, si es posible, todos los días y siempre a la misma hora. Reserva un lugar fijo de tu casa para el yoga. De ese modo establecerás una forma de ritual, y eso favorece mucho la práctica.
- Además de los posibles costes del curso, el yoga no aporta gastos adicionales: no necesitas ninguna colchoneta especial (con una manta es más que suficiente) ni ningún tipo de vestimenta, siendo suficiente con que resulte cómoda.
- Lo mejor es no comer nada antes de practicar yoga. En especial nada que sea complicado de digerir; también el uso del alcohol y la nicotina pueden dificultar claramente la práctica.

Unos sencillos ejercicios de yoga favorecen el riego del cerebro y mejoran la concentración.

> ### *Activar el potencial mental*
>
> Muchos de los ejercicios de yoga tienen como objetivo la mejora del riego sanguíneo del cerebro y, a través de esa mejora, un aprovisionamiento óptimo para el metabolismo del «equipo pensante».
> De ese modo se favorece tanto la concentración como el rendimiento mental así como una capacidad de creación e intuición.

Respiración integral del yoga

Con los siguientes ejercicios de respiración se consigue una tranquilidad interior y, simultáneamente, puedes volver a recargarte de energía. Repite cada ejercicio de cinco a diez veces.

Posición básica: tumbada en posición de decúbito supino (la espalda apoyada contra el suelo) y con los ojos cerrados. Pon las piernas juntas y deja que los pies caigan hacia fuera.

- Respiración abdominal: coloca las manos sobre el estómago, de forma que se toquen ligeramente las puntas de los dedos. Inspira por la nariz procurando que sólo se dilate el abdomen. Percibe como se mueven por separado las puntas de los dedos. Antes de volver a espirar procura, primero, aguantar la respiración durante un momento. Vuelve a notar la sensación de las puntas de los dedos.
- Respiración diafragmática: coloca las manos sobre la caja torácica. Inspira y dilata solamente esta zona. Al inspirar acerca las puntas de los dedos, y al espirar vuelve a juntarlas.
- Respiración con los vértices de los pulmones: coloca ahora las manos oblicuamente sobre el esternón con las puntas de los dedos dirigidas al cuello y fuerza la respiración hacia la

parte superior de la caja torácica. Esta es una respiración superficial, y es la que suelen practicar la mayoría de las personas. Nota cómo te sientes al compararlo con los resultados de los ejercicios anteriores.
- Ahora respira, una detrás de otra, con las tres zonas mencionadas anteriormente: coloca las manos a los lados del cuerpo. Relájate. Toma aire lenta y profundamente y con la respiración extiende una suave onda, primero en el estómago, luego en el diafragma y por último en el pecho. Luego contén un poco la respiración y posteriormente deja que salga el aire en el mismo orden: estómago, diafragma, pecho.

> El principio básico del yoga es muy sencillo: por la adopción de una determinada postura corporal se produce una armonización entre el cuerpo, la respiración y la mente. No sólo entrenas el cuerpo, sino que también favoreces la movilidad mental.

La media luna

La Luna es el símbolo de la feminidad. Este ejercicio mejora el riego sanguíneo de la zona abdominal y resulta recomendable en caso de trastornos de ciclo en el climaterio.

- Colócate en posición de rodillas.
- Ahora coloca la pierna derecha con la rodilla doblada hacia delante y estira la pierna izquierda hacia atrás. El centro de gravedad del cuerpo queda centrado.
- Coloca las manos juntas y delante del pecho, con las puntas de los dedos mirando hacia arriba, y en la siguiente inspiración estíralas hacia arriba.

- Al espirar dobla hacia atrás los brazos y el tronco. Dirige la mirada al techo y mantén esa posición. Luego inspira y espira profundamente.
- Al inspirar vuelve otra vez al centro.
- Repite este ejercicios con el otro lado, es decir, la pierna izquierda queda flexionada y la derecha estirada hacia atrás.

Autoanálisis

Con la ayuda de los métodos arriba descritos se pueden activar los potenciales de energía y se puede obtener la fuerza necesaria para superar los procesos de modificación que se producen en el climaterio. Pero a muchas mujeres que se encuentran en el climaterio les falta algo más que fuerza: notan que no son capaces de hacer muchas de las cosas que hasta ahora sí habían podido y buscan nuevos caminos. Entienden el climaterio como una oportunidad, pero no saben para qué sirve esa oportunidad. Para reorientarse y definir los objetivos de una vida práctica y autodeterminada es importante averiguar cuál es nuestra propia ubicación.

Los cursos de autoanálisis pueden servir, en este sentido, de gran ayuda. Simultáneamente ofrecen una buena oportunidad para conocer a gente nueva que también está buscando: nuevos horizontes y a sí mismos.

Desarrollar nuevas perspectivas
Desarrollar una vida activa

A menudo, ahora se modificarán tus circunstancias vitales, debes intervenir y decidir tu orientación.

Reflexionar sobre la situación propia

En la generación de nuestras abuelas o bisabuelas, el climaterio no era un tema del que se hablara demasiado. Hablar en público de tales «cuestiones de mujeres» no estaba de acuerdo con las costumbres sociales al uso. Lo que ocurría en el organismo y la mente de las afectadas era algo que sólo concernía a las propias mujeres.

Por otro lado, también es verdad que había menos mujeres que ahora que llegaban al climaterio. La esperanza de vida media resulta hoy en día notablemente más alta que antes.

Esto, en cierto modo, nos hace pioneras, ya que nunca en la historia se ha dado una época en la que, como ocurre hoy en día, las mujeres tengan la posibilidad de disfrutar tras el climaterio de una vida plena.

En lugar de abrigar sólo angustia por lo que se ha perdido, hoy en día se tiende a abrir nuevos horizontes y a agarrarse a todas las posibilidades que nos ofrece nuestra existencia. Liberadas de muchas obligaciones e inseguridades, podemos encontrar un sosiego y un dominio sobre nosotras mismas con la que sólo hubieran podido soñar las generaciones anteriores.

Un nuevo proceso de orientación

Si aquí se dibujan las oportunidades del climaterio y se observa esta fase vital bajo una luz positiva, con ello se quiere decir que, en absoluto, una mujer en esta época se encuentra realmente en los umbrales del último tercio de su vida. Desde un punto meramente estadístico, aún nos quedan 30 años que nos servirán para organizar y complementar nuestra vida. Si queremos que esta época, desde un punto de vista personal, evolucione de una forma beneficiosa para nosotras, no debemos tratar de eludir el paso, de forma consciente y sin titubeos, por esa puerta, y dejar tras de nosotras nuestra anterior imagen juvenil que, evidentemente, ya no se adapta a la realidad.

Por dolorosa que pueda resultar esta despedida, las mujeres de alrededor de los 60 han conseguido algo de este proceso y siempre hablan de cómo, a base de liberarse de esa imagen anterior, han podido explotar una fuente de nueva energía y alegría vital. La pregunta de si querrían volver a los 17 es rechazada con una risueña sacudida de cabeza.

> No debes observar de una forma pasiva los cambios que surgen en tu vida. Ahora tienes la oportunidad de acometer iniciativas, de revivir intereses desatendidos y de establecer nuevos objetivos.

Formular preguntas sensatas

Con el climaterio hay una fase vital que llega a su fin y una nueva fase que comienza. Constituye, por tanto, un momento ideal para pasar revista al pasado y echar un vistazo, aunque sea superficial, al camino futuro. ¿Cuáles de tus sueños has hecho realidad?, ¿cuáles te faltan todavía por cumplir?, ¿qué te gusta de tu vida y qué es lo que encuentras menos bueno?, ¿qué objetivos has cumplido? Y, sobre todo, ¿qué sentido tiene todo?

> ### El precio de la libertad
>
> Para la mayoría de las personas sería mejor si todo quedara como siempre ha sido. Si quieres llevar a cabo modificaciones de tu vida diaria, pudiera ocurrir que en tu entorno surgiera una oposición más o menos vehemente. No te dejes confundir ni te des por vencida demasiado rápidamente. Quien quiera llevar una vida tomando decisiones propias, primero debe contar con algún que otro conflicto que pueda surgir con sus familiares y amigos.

En nuestra sociedad moderna no existe ninguna dificultad para practicar ningún tipo de actividades. Ya sea jugar al golf, ir al cine o de compras, existen miles de posibilidades para superar el aburrimiento. Pero quien consume su tiempo con cosas que realmente no le salen del corazón, sentirá en breve un enorme vacío.

En Inglaterra existe un viejo proverbio: «*Add life to years and not just years to life*»; tiene un sentido muy razonable, pues significa: «Llena tus años con vida en lugar de limitarte a añadir años a tu vida».

¿Una segunda fase de despecho?

Al echar la vista atrás es seguro que te toparás con uno o varios recuerdos que, a posteriori, te enfurezcan. Puede que te moleste el hecho de que, en un momento dado, hayas obrado de cierta forma. O que, por algo, percibas una ofensa o que se han aprovechado de ti. Puede que te avergüences por no haber dado buena imagen en una determinada situación, tal y como hubieras deseado. No hay ninguna persona cuya vida haya sido tan perfecta como hubiera deseado, y las mujeres somos personas...

> Despedirse de la autoimagen juvenil no significa pasarse de moda o ser aburrida. Se trata de encontrar un estilo propio e inconfundible e irradiarlo a los demás. No hay objeción en dejar para la gente joven el perseguir con avidez las tendencias de la moda.

Reconciliación contigo misma y con los demás

Si tu climaterio debe suponer para ti un verdadero nuevo comienzo, es importante que cortes con el pasado y lo dejes atrás, y de eso también forma parte el perdonar, tanto a los demás como a ti misma. Intenta zanjar en lo posible antiguos conflictos y querellas. No se trata, de ningún modo, de querer hacer justicia para todos y de entenderse a la perfección con todo el mundo, sino más bien de pasar, en paz y personalmente, la hoja del pasado. Las cuentas abiertas y las iras pasadas deben situarse en un segundo plano.

Según las circunstancias, pude ocurrir que alguien sin culpa se lleve todo el rencor que realmente le debieras a otra persona. Perdónate a ti misma y, si es posible, también a los demás, y que el climaterio no sea una segunda fase de obstinación adolescente.

> Libérate de las cadenas allí donde te sientas coartada.

Superarte a ti misma

Cuando te pongas a buscar nuevas perspectivas, puede resultar beneficioso volver a uno o varios de aquellos sueños vitales que estaban olvidados desde hace tiempo, y empezar otra vez a fraguar planes ambiciosos. Quizá todo se quede en una simple intención, en sólo realizar una pequeña alteración de tu vida diaria, pero puede significar un primer paso hacia una vida plena. Da igual que sean grandes o pequeños, no apartes tus sueños, pensamientos o deseos. ¡Supérate y actúa! La felicidad de tu vida depende de ello.

> También la generación actual de mujeres climatéricas ha pasado mucho tiempo ocupándose sobre todo del bienestar, primero de sus hijos y luego de los propios padres. Para muchas mujeres resulta muy complicado un proceso de aprendizaje que supone hacer algo sólo por su propio disfrute.

Descubrir nuevas tareas y pasiones

Las mujeres que hasta edades avanzadas son activas, ambiciosas y optimistas tienen, por regla general, algo en común: han descubierto (a menudo ya en la época del climaterio) una pasión, unas tareas que siguen con todo el corazón y en las que vuelcan toda su atención. Es esta ocupación la que ofrece sentido a sus vidas y les proporciona su fuerza vital.

Una mujer siente debilidad por el jardín o le apasiona el coleccionismo, otra se compromete con la política, con el trabajo social, con los movimientos ciudadanos o con la protección de los animales. Utiliza el tiempo libre que te ofrece el climaterio y busca temas que te fascinen. ¿Qué es lo que te mueve?, ¿dónde puedes aplicar tu experiencia de un modo positivo? Puede tratarse, aunque no tiene por qué, de temas que conmuevan al mundo entero, pero también tu campo vital más inmediato te ofrece áreas en las que mostrar entusiasmo.

Está permitido todo lo que te guste

Hace sólo dos generaciones, algunas mujeres de otras culturas tras alcanzar la menopausia, mostraban externamente el fin de su fertilidad a base de vestirse de negro. Ya hace tiempo que se han tirado por la borda esas prescripciones en cuanto al vestido, lo mismo que ocurre con cualesquiera otras obligaciones y limitaciones. Ahora son mucho mayores las libertades que rodean a las mujeres de edad.

Encuentra la mejor actividad para ti

- ¿Dónde están tus intereses? Contacta con una amplia gama de propuestas y cursos para tener idea de los diversos campos de posibilidades. Quizá te topes con «tu tema».
- ¿Qué es lo que te altera?, ¿qué puedes hacer para eliminar los defectos que te conoces? Reúnete con gente que tenga tu mismo modo de pensar o apúntate como miembro activo de una iniciativa ya existente.

> Prueba allí donde tengas ganas, o haz lo que desees, y no interpongas casi ninguna barrera.

- ¿Eres profesionalmente activa?, ¿te gustaría serlo?, ¿te gusta tu trabajo? A veces una mujer en el climaterio ha encontrado su verdadera vocación y de ese modo ha descubierto una nueva orientación de su vida. El reciclaje laboral, la ampliación de

estudios o la recuperación de un título profesional, existe una gran cantidad de posibilidades en el mundo laboral para tratar de conquistar un puesto de trabajo fijo. En la oficina de empleo descubrirás las opciones de que puedes disponer.
- ¿Existe en tu vida algún tipo de problema que te gustaría compartir con otras personas afectadas? Participa en grupos de autoayuda o funda uno tú misma.
- ¿Dónde te necesitan? Se buscan urgentemente colaboradores honoríficos. En las correspondientes «jornadas de puertas abiertas» puedes echar un vistazo al contenido de las diversas organizaciones. A lo mejor te encuentras tan preparada para algo, que incluso quieras volver a la actividad.
- ¿Qué te gustaría volver a hacer?, ¿estudiar, escribir un libro, viajar al país de tus sueños? ¡Hazlo!
- ¿Qué talentos tienes? Los *workshops* y seminarios ofrecen buenas oportunidades para descubrir en la práctica las dotes manuales, artísticas o comunicativas que se ocultan dentro de ti. Ponerte en contacto con personas que tienen tus mismos gustos te servirá para encontrar nuevas ideas y estilos con los que proseguir tu camino.

> ¿Eres una «mujer de familia»? Incluso cuando tus «amores» estén todavía a tu alrededor: oriéntate ahora más hacia el exterior y entabla nuevas y firmes amistades.

Defender fronteras propias

Sentirse útil es un buen sentimiento. Resulta muy importante el entusiasmo personal y mucho nos puede ofrecer la autoconfirmación y la sensación de éxito, pero también aquí, tal y como ha ocurrido siempre, hay un reverso de la medalla.

Ya sea en el ámbito social, el político o en el círculo familiar, el que se entrega a los demás o a una buena causa siempre corre el peligro de agotar sus fuerzas en demasía. Los ayudantes voluntarios están siempre bien vistos: la abuela a la que siempre se le pueden «aparcar» los nietos; la enfermera para la que nunca resulta excesivo el trabajo ni demasiado largo el camino; los adeptos a una asociación, que siempre trabajan alegre e incansablemente en las tómbolas de Navidad y en las fiestas del verano....

Ten en cuenta que sólo debes aceptar aquellos deberes y obligaciones que realmente te guste hacer y piensa que el dar y el recibir deben estar en un cierto equilibrio. Si no consigues compensación económica, al menos debe merecer la pena el reconocimiento y un excedente de alegría y bienestar. De ese modo puedes evitar sentirte manipulada.

Encontrar el acceso a la espiritualidad

¿Te resulta complicado desarrollar una nueva perspectiva existencial y, al echar un vistazo a tu alrededor te surge a veces la pregunta de si todo es como debiera? Entonces te puede ayudar el ocuparte de temas espirituales. Ya sea en el ámbito de la iglesia o en numerosos círculos espirituales, son muchas las personas que encuentran apoyo y fortaleza cuanto se sienten incluidas en una comunidad mayor. Que te encuentres bien en una de estas sociedades depende de tu identificación con sus ideas y pensamientos.

Muchos se sienten llamados por las enseñanzas cristianas, otros se dirigen más al budismo o se unen a grupos de meditación sin ninguna relación con religiones. Las prácticas del Lejano Oriente, como el yoga o el tai-chi, ofrecen un trasfondo espiritual con el que te puedes familiarizar incluso en muchos centros para mayores.

Utilizar las ofertas serias de asesoramiento

Cuando en una empresa se producen modificaciones estructurales, resulta muy aceptable que busques la ayuda profesional de un asesor de empresas. También el climaterio se trata de una cambio estructural, pero nosotras, gente corriente, la mayoría de las veces no tenemos la idea de buscar asesoramiento. Hoy en día existen asesores cualificados que te acompañan en épocas de crisis y con los que puedes elaborar concepciones de la vida diaria que te resulten soportables y que te pueden mostrar nuevas perspectivas existenciales. Debido a la falta de directrices profesionales, en este campo no existe, desgraciadamente, un estándar de calidad que se pueda aplicar de un modo general. Los miembros de las corporaciones de asesoramiento aceptan de una forma voluntaria el cumplimiento de un código vinculante que garantiza la ejecución de su trabajo.

> El objetivo que acompaña a todo trabajo espiritual es siempre el refuerzo de la propia responsabilidad.
> Si un grupo satisface tus exigencias y siempre te sientes libre para actuar según tus íntimas convicciones, ten por seguro que no se trata de una secta.

Sola, pero no solitaria

En los últimos decenios ha sufrido un notable incremento el número de separaciones, que está resultando cada vez más extendida la población de mujeres solteras de mediana edad.

Para ellas resulta importante adherirse a una sólida red de amistades, sobre todo también a edades más avanzadas, para poder disponer de contactos firmes. Pero también si vives una relación fija te puede resultar beneficioso crearte un mundo propio alejado de tu pareja.

> ### *Hablar con los demás puede abrir muchas puertas*
>
> La búsqueda de las tareas existenciales personales se puede ver fomentada a través de la conversación con personas de confianza. A menudo nos quedamos tan estancados en nuestras arraigadas vidas que tenemos la mirada bloqueada para nuestras propias posibilidades y oportunidades. Únete a varios amigos o a foros de conversación y da consejos sobre las cosas que (conjuntamente) podéis hacer.

Incluso aunque rechaces este tipo de pensamiento: ¿que pasaría si tu pareja muriera (cosa que esperamos no ocurra hasta un futuro muy lejano) y tuvieras que seguir sola? En tales tiempos, difíciles y llenos de amargura, casi no se encuentran fuerzas para montar un círculo de amistades. Pero sin tener en cuenta tales tristes perspectivas, merece la pena, también desde otro punto de vista y antes de que sea demasiado tarde, ocuparse con los amigos. En un intercambio vivo estaremos descubriendo novedades constantemente. Aquí hallaremos proximidad, sensación de protección, afecto y alegría.

> La soledad no es buena en ninguna de las fases de la vida, y resulta frecuente que a una edad más avanzada se reúna la pérdida de esperanzas con la enfermedad. Por ello es muy importante luchar a tiempo contra el aislamiento y cuidar los contactos.

Organizar la vida con los demás

- Cuidar las amistades cuesta tiempo. Pero este tiempo estará bien invertido, ya que es el mejor seguro para luego, cuando tengas más edad, no quedarte sola.
- Ten en cuenta que en tu grupo de amigos no solo haya personas de tu misma edad, sino también gente más joven. Esto mantiene una mirada abierta hacia las necesidades de la siguiente generación y a la vez asegura que, más adelante, no vayas a estar sola.

> Quien se interese por temas espirituales, no sólo puede ampliar sus conocimientos a través de seminarios y foros de conversación, sino que a la vez está en condiciones de conseguir nuevos contactos y encontrar personas interesantes con las que intercambiar opiniones.

- Cuida de un modo muy consciente los contactos con tus vecinos. Quizá entre ellos haya uno u otro con el/la que puedes entablar amistad. E incluso si no es el caso: muéstrate siempre dispuesta a ayudar para que luego, en caso de que seas tú quien necesite ayuda, puedas contar con el rápido apoyo de tu vecindad.
- Si trabajas: ¿qué colegas te resultan especialmente simpáticos/as?, ¿qué contactos privados puedes establecer con ellos? Hazlo mientras estés en el trabajo, incluso si para ello tienes que quitar tiempo a otras cosas. Si ya estás jubilada, la mayoría de las veces resultará demasiado tarde pues, por desgracia, el mundo laboral se rige por el lema: «ojos que no ven, corazón que no siente».
- Si tiene familiares te puede ocurrir que en este entorno encuentres una buena ayuda. En caso contrario y según las circunstancias, en el climaterio se te pueden ofrecer nuevas

perspectivas. En este tiempo hay algunas cosas que empiezan a tambalearse, entre ellas puede ocurrirle a tu opinión sobre uno u otro miembro de la familia. Es posible que de repente descubras sorprendentes características comunes, aunque sólo sea la historia familiar.

> Puedes encontrar respuestas a las preguntas de la existencia con la ayuda de la sabiduría del Lejano Oriente.

- Si tienes hijos, no intentes que se queden a vivir cerca de ti y te acompañen cuando seas más mayor. ¿Sería capaz tu estructura familiar de soportar los cambios de una forma adecuada? Cuanto más independiente te hagas de tus hijos, menos te sentirás afectada por la presión, y te visitarán con mucho más gusto...

> Para conseguir un nuevo comienzo a partir del climaterio, es importante que cierres totalmente tu relación con el pasado.
> En esta época es conveniente dejar de lado viejos conflictos y desprenderse de anteriores enojos, haz un sitio en tu interior donde se admitan nuevas experiencias positivas.

Sudar, correr, esprintar, todo a la vez

En otros puntos ya hemos comentado lo que supone para tu salud llevar a cabo un entrenamiento físico regular. En este sentido, en el climaterio resulta fundamental la práctica de un programa mantenido de ejercicios. Para ello resulta interesante apuntarse en una asociación deportiva, en un grupo de entrenamiento o en un gimnasio. Por un lado es más divertido hacer los ejercicios y sudar junto a otros en lugar de hacerlo sola y, por otro lado, resulta un magnífico trampolín para tus contactos sociales y compromisos personales. Tanto si estás puliendo una carrera deportiva propia como si quieres comenzar con un trabajo en equipo, ¡empréndelo!

> Cuando más abierta se presente una persona, mayor será el eco que consiga.

Mujeres en la red

Cada vez son más las mujeres que descubren los medios electrónicos como un útil apoyo cuando se trata de entablar contactos y acceder a la información. También en este sentido existe un *boom* en cuanto a cursos de iniciación a los ordenadores, incluso para personas mayores sin conocimientos del tema. Los E-mails e Internet ofrecen gran cantidad de posibilidades para un intercambio de experiencias y para la comunicación con personas de gustos afines.

En los chats de la Word Wide Web, la red universal, circulan gran cantidad de intercambio de opiniones sobre temas políticos, sociales y económicos de todo tipo, sobre salud, moda, proyectos de viaje... De buena gana se puede obtener una información sobre quien puede ayudarnos mejor, o a quién podemos ayudar mejor, en cualquier situación. Las ventajas de Internet:

- Da igual donde vivas, incluso en el pueblo más apartado siempre podrás tener acceso a la red.
- A partir de los contactos electrónicos se crean siempre nuevas amistades que sobrepasan ampliamente el ámbito del PC.

- Si todavía no has descubierto los ordenadores, debes saber que existen cursos especiales para mujeres, tanto de informática como de Internet. Allí aprenderás a utilizar las ventajas de un moderno programa de tratamiento de textos, a escribir tus cartas y diarios, a realizar tu declaración de la renta o a poder «hojear» en los diccionarios electrónicos.

¿Eres ya experta en el intercambio de E-mails con los hijos, sobrinos, amigos y conocidos? Es una forma de comunicación rápida y económica, y además también sirve para hacer un alto en el camino de la rutina diaria.

Viajar como soltera

Es cierto que hay personas que se bastan con ellas mismas y que no conocen nada mejor que irse de vacaciones totalmente solas. Pero no todo el mundo es capaz de gozar de las ventajas de este tipo de viajes.

La mayoría de nosotras somos más sociables. Quien viaja sola adquiere rápidamente un papel de mirón que se fija constantemente en la felicidad de las parejas y de las familias de los demás. En el restaurante hay parejas que están cogidas de la mano, en la playa los padres hacen castillos de arena con sus hijos, por todas partes reina una sensación de vacaciones, paz, amistad y concordia.

Amplia oferta para los amantes de hacer proyectos

Aun cuando esta imagen puede resultar en muchos casos engañosa y la realidad sea bien distinta, lo cierto es que los que viajan solos, al mirar a las parejas que se quieren y a los idilios familiares, sienten algo de dolor en el corazón, y se enfrentan de forma poco caritativa con su soledad. Un buen camino para escaparse de este duro test son los viajes de solteras, que se pueden reservar en muchas agencias de viajes y también a través de Internet.

A las mujeres que les gusta ser más individuales, se les puede facilitar una compañera de viaje o también dirigir a iniciativas privadas que reúnen a solteros amantes de los viajes. Tanto si quieres ir a las islas griegas para pintar o hacer cerámica, o deseas hacer un campamento de aventura a los pies del Himalaya, la oferta es tan variada que es seguro que podrás encontrar algo adecuado a tu gusto y tu bolsillo. Otra cosa es que, de un modo plenamente consciente, quieras permanecer sola.

Internet te ofrece gran cantidad de oportunidades.
¡Aprovéchalas!

Consejo y ayuda en los problemas típicos
Da un suave giro a tus trastornos de salud

*Para tu bienestar: trata por ti misma
los trastornos del día a día.*

Trastornos del climaterio

Una cosa debe quedar clara: el climaterio no es una enfermedad. Muchas mujeres pasan este periodo sin dolencias dignas de mención y mantienen su estabilidad, tanto física como mentalmente hablando.

Sin embargo, cada vez más ocurre que el organismo se rebela contra el cambio hormonal, y lo da a conocer con los «típicos» trastornos. Muchas de estas dolencias son inofensivas si se las observa desde el punto de vista médico, pero ejercen presión sobre nuestro bienestar. Conocer las causas y los suaves remedios que nos ofrece la medicina natural te puede servir de gran ayuda.

La modificación del nivel de estrógenos no es, en sí, el único criterio al que atribuir la forma de sentirnos en esa época. La concentración media hormonal de las mujeres que se quejan de trastornos y la de las que no están afectadas por ellos, no se diferencian en mucho. Los estados existenciales de cada una de nosotras, la regulación interna y nuestro estado de ánimo mental juegan un papel tan significativo como el de las propias hormonas.

Trastornos de la menstruación

La aparición irregular del periodo es el primer signo visible de que el climaterio ha comenzado.

Unas veces pueden ser oscilaciones en el ciclo menstrual, pero también pueden existir otras causas: las alteraciones del útero y los ovarios pueden, igualmente, hacerse perceptibles.

Para ir sobre seguro, al aparecer los trastornos en la menstruación resulta recomendable acudir al ginecólogo cada seis meses para que realice el correspondiente control analítico.

> En el climaterio, la mucosa vaginal cada vez se hace más sensible, de tal modo que puede reaccionar ante la fricción con mayor aparición de estímulos que antes. Con algún medio lubricante (puede ser saliva) se puede disminuir el roce. Si utilizas diafragma, cuida que esté bien colocado, ya que de lo contrario puede presionar sobre la uretra.

Lo que puedes hacer por ti misma

- Lleva un calendario en el que apuntes el comienzo y la duración de tus periodos para, de esa forma, disponer de un resumen con el que poder contestar a las preguntas de tu médico.
- Contra las hemorragias intensas son muy buenas las infusiones de hierbas (como son las hojas de fresa *[Fragaria hortensis]*, el pie de león *[Alchemilla vulgaris]*, el zurrón de pastor *[Capsella bursapastoris]* o el hamamelis *[Hamamelis virginiani]*). También puedes estabilizar tu estado de nivel hormonal por medio de preparados obtenidos de plantas u homeopáticos (véase página 41 y siguientes).

- Los esfuerzos físicos exagerados pueden aumentar las hemorragias. Lo mejor es que durante la menstruación permanezcas más tranquila.
- En el caso de hemorragias copiosas puede surgir una carencia de hierro que se manifiesta externamente por sensación de cansancio y agotamiento. Haz que regularmente te controlen tu estado sanguíneo. Por su buena aportación de hierro tienes a tu disposición vegetales como el diente de león *(Taraxacum officinale)*, como infusión o en ensalada, y la ortiga *(Urtica dioica)*, en infusión o como verdura.
- Los trastornos de la menstruación severos y fluctuantes no siempre se pueden aliviar de forma suficiente con remedios de tipo natural. Por ejemplo, en el caso de que en cortos intervalos de tiempo, de sólo dos a tres semanas, surjan hemorragias muy duraderas y copiosas. En este caso se puede obtener una mejoría a base de un tratamiento hormonal (aunque es una solución que no siempre funciona).

> Si tienes hemorragias aparatosamente fuertes que duran más de una semana o en la propia hemorragia aparecen grandes coágulos poco habituales, debes, de inmediato, visitar al medico. Además también es recomendable visitar al médico si al practicar el sexo se produce una hemorragia, si después de un año con ausencia de la regla se produce una hemorragia o si descubres sangre en la orina o en las heces.

Inflamación de la vejiga (cistitis)

También las mucosas de la uretra y la vejiga se modifican al disminuir el nivel de estrógenos. Se hacen más sensibles y, con ello, más propensas a la inflamación. Las causas, la mayoría de las veces, radican en bacterias que, desde el exterior, penetran en la zona genital y ascienden por la uretra. Ya que en el caso de la mujer sólo tiene una longitud de tres a cuatro centímetros (frente a los 24 centímetros del hombre) esto puede ocurrir de forma relativamente fácil. Al comienzo de la inflamación de la vejiga (cistitis) casi no se tiene síntomas. En un estadio más avanzado se manifiesta por ganas constantes de orinar y quemazón al hacerlo, emisión muy escasa de orina y dolores de tipo calambre en la zona del bajo vientre.

Lo que puedes hacer por ti misma

- Cuando al vaciar la vejiga padezcas dolores: bebe lo suficiente para que se limpien tus vías urinarias. Tres litros de líquido (agua mineral, infusiones) es una cantidad diaria razonable. Determinadas infusiones de hierbas (por ejemplo las hojas de abedul *[Betula pendula]*, hoja de gayuba o uva del oso *[Uvae ursi folium]*, paloduz o regaliz *[Glycyrrhizae radix]*) ayudan de forma adicional a la eliminación de orina. Como alternativa práctica en la farmacia se pueden encontrar infusiones especiales para la vejiga.
- Los gérmenes que pueden provocar una infección de la vejiga sólo pueden vivir en un determinado margen de temperatura. Cualquier mínima subida los destruye. Para el tratamiento de dolencias agudas sirve de ayuda colocar una bolsa de agua caliente sobre el abdomen. Como prevención general debes evitar enfriarte y, sobre todo, mantener los pies siempre calientes.
- Las especias como la pimienta, el curry, el jengibre y el pimentón, así como la mostaza y el vinagre acidifican la orina, y tienen un efecto antibacteriano.
- También son recomendables, entre otras, la cebolla, el ajo y el puerro. Contienen un aceite esencial de sulfuros, el denominado allicin o allicina, que es antibacteriano y destruye los hongos.

- Reduce el consumo de azúcar. Lo dulce influye negativamente en las posibilidades defensivas que tienen los glóbulos blancos contra las bacterias que, a través de la uretra, entran en la vejiga.
- Importante para la prevención: una higiene adecuada. Tras defecar hay que limpiarse de delante a atrás, de modo que los gérmenes del intestino no puedan llegar a la uretra. Si eres propensa a la inflamación, es recomendable que en la limpieza utilices, además, el agua.

> El café, los cítricos y los zumos de frutas se deben evitar en el caso de una cistitis. Excitan las paredes de la vejiga y empeoran los trastornos.

Bigote femenino

Cuando en el climaterio el balance de hormonas se desplaza desde los estrógenos femeninos a los andrógenos masculinos, a algunas mujeres les puede crecer más pelo del normal en la zona del bigote. La medicina natural conoce varios remedios reconstituyentes femeninos como, por ejemplo, la cimicífuga *(Cimicifuga racemosa)* o la pimienta de monje *(Vitex agnus castus)*, que favorecen la producción de estrógenos actuando contra ese molesto bigote femenino (véase página 42 y siguientes).

Las infusiones de avena, alfalfa, semilla de anís, salvia y, sobre todo, las de hojas de ortiga tienen efecto de refuerzo sobre el sistema hormonal. Bebe dos tazas al día.

> Beber, beber y seguir bebiendo; en el caso de una inflamación de vejiga el lema es el siguiente: cuanto más, mejor.

El boro como colaborador natural con los estrógenos

En unas series de ensayos realizadas con mujeres que ya habían sobrepasado la época de la menopausia, se demostró que mediante la administración de 3 miligramos diarios de boro se llegaba a elevar hasta en un 50% el contenido del nivel de los estrógenos en la sangre.

Sin embargo, hace tiempo que el sentido de este oligoelemento como posible suplemento alimenticio fue objeto de investigaciones y, a causa de ellas, los preparados a base de boro no están permitidos, hoy en día, en muchos países.

Puesto que esta sustancia está contenida en muchas frutas y verduras, la necesidad de su aprovisionamiento se puede subsanar de un modo muy natural. Fuentes productivas del boro son tan conocidas como la soja, las ciruelas, las pasas, los cacahuetes, las avellanas, las almendras y los dátiles. También en el vino tinto hay algún contenido de este oligoelemento.

> Contra el bigote no utilices una maquinilla de afeitar. Una vez que lo hayas hecho, los pelillos crecerán bastante y lo que en un principio sólo era una pelusilla tendrá al final el aspecto de un verdadero bigote.

El fondo psicosomático

Tanto en los hombres como en las mujeres coexisten (aunque en distinta proporción) una parte masculina y una femenina (los chinos hablan del *yin* y el *yang*), que sirven para que surja un equilibrio en la evolución de la vida. Para la mujer, la entrada en el climaterio con sus correspondientes cambios físicos y mentales, marca un notable paso hacia ese objetivo.

Si durante esta época se registra algo de bigote en la mujer, esto puede ser indicio, hablando en un lenguaje psicosomático, de que la persona afectada está sacando al exterior, y no dejándola recluida en su interior, su parte masculina (un fenómeno que, debido a las exigencias actuales del día a día tanto en el trabajo como en la familia, se observa cada vez más, porque cada vez más se hace preciso alinearse al lado del marido).

> El bigote de mujer es un tema sobre el que se hacen muchos chistes, sobre todo por parte de los hombres, pero el crecimiento incontrolado del pelo no resulta ser un «privilegio» exclusivo de las mujeres, ya que son muchos los hombres que luchan contra la invasión de cerdas en las orejas y en las fosas nasales.

Buscar el equilibrio entre el yin y el yang

Para las mujeres afectadas no se trata de que haya que vivir la vida de acuerdo con una unilateral predisposición a la parte masculina. Más bien todo lo contrario: para crear un equilibrio, en el plano meramente externo queda por realizar una acentuación de las cualidades femeninas (el elemento yin o Luna) que se han visto disminuidas.

En el interior, por el contrario, una atención al principio yang o Sol no puede dañar: la actividad mental, la perseverancia, la seguridad en una misma, la risa y la alegría de vivir crean el equilibrio necesario y eliminan del cuerpo la necesidad de sacar al exterior su parte masculina en forma de los indeseables pelos del bigote femenino.

Lo que puedes hacer por ti misma

- Arrancar los pelos con pinzas es el método mejor y más barato.
- Método árabe: calienta una cucharada sopera de miel y el zumo de medio limón y, lo más caliente que puedas aguantar, extiéndelo sobre la piel velluda. Deja secar la pasta y, tras enfriarse, frota con la punta de los dedos.
- Decolorar el pelo superfluo con agua oxigenada (de la farmacia) concentrada al 10%: el agua oxigenada ataca al pelo y lo hace casi tan frágil que luego se puede eliminar con los dedos. Cuidado con este método, que puede irritar la piel. Las mujeres que tengan una piel sensible deben, antes aplicarse el agua oxigenada, hacer una prueba con ella en el pliegue del codo para ver si le aparecen reacciones alérgicas. Si pasada media hora no se observa ningún enrojecimiento, puedes aplicarte el tratamiento en la cara.
- Crema depilatoria: tiene un efecto eficaz, pero puede acarrear irritaciones de la piel. Prueba tu tolerancia al producto en el pliegue del codo tal y como se ha explicado arriba.
- En un centro de estética: depilación a la cera fría o caliente. Al principio esto puede provocarte algún dolor, pero con el tiempo se reducirá la sensación dolorosa en la zona tratada. El resultado se mantiene durante unas cuatro semanas.
- Como solución permanente, las clínicas de belleza te ofrecen la electrodepilación o depilación definitiva. En ella la especialista en cosmética introduce la denominada aguja de diatermia en el canal del pelo y da un ligero impulso eléctrico a la raíz del pelo hasta que la destruye. Este tratamiento es largo y doloroso a la vez. A menudo ocurre que la punzada no se da directamente en la raíz del pelo o en el momento adecuado del ciclo de crecimiento del mismo, y entonces el procedimiento se debe repetir varias veces.

- Los dermatólogos y las clínicas trabajan desde hace poco con el denominado láser de colorante pulsado, una técnica que casi no es dolorosa y para las que son necesarias pocas sesiones. El aparato es muy caro, por lo que el método no está muy extendido.

Dolores articulares

Entre las típicas afecciones del climaterio encontramos los dolores articulares cambiantes que nos recuerdan al reuma. No son un indicio de osteoporosis (véase este apartado), sino que nos remiten a dos causas: por un lado las membranas articulares, por el descenso del nivel de estrógenos, ya no quedan bien abastecidas de líquidos, y por otro lado, se llega a una liberación aumentada de diversas sustancias (interleukina I y IV) que regulan el sistema inmunológico y provocan síntomas parecidos a la inflamación.

> No tiene ningún sentido intentar «blanquear» con maquillaje la sombra oscura de encima del labio. Según cómo te enfoque la luz incidente, los pequeños pelillos se pueden ver incluso más.

Lo que puedes hacer por ti misma

- Muévete con regularidad, ya que esto mantiene las articulaciones activas y también previene la osteoporosis. Los mejor es nadar y caminar. También te puede ayudar un programa meditativo de movimiento (Tai Chi, Qi Gong, Yoga) en el alivio de los dolores articulares.

> ### Cuando se debe buscar ayuda médica
>
> En el caso de articulaciones enrojecidas, calientes e inflamadas, si existen fuertes dolores, una capacidad limitada del movimiento o hay una formación de ganglios y deformaciones en las articulaciones de los dedos de las manos o los pies, es necesario ir al médico. Estos síntomas indican que existe alguna enfermedad que no tiene relación con el climaterio.

- El denominado método Feldenkrais es un sistema prudente para optimizar la evolución del movimiento y la mejoría de las articulaciones. Los fisioterapeutas y algunos médicos naturistas y centros para mayores ofrecen cursos de este tipo.
- Una alimentación poco saludable y con componentes ácidos lleva al empeoramiento de los síntomas. Eleva tu consumo de alimentos integrales. Come en lo posible en plan vegetariano y evita, en todo caso, los alimentos que contengan purina (recuérdese el ácido úrico), por ejemplo las vísceras.
- Friegas con aceite de árnica *(Arnica montana)* o hipérico *(Hypericum perforatum),* disponibles en el herbolario o en la farmacia, ofrecen alivio en el caso de molestias agudas.
- Un complemento alimenticio con zumo de aloe vera mejora el abastecimiento de líquidos de las articulaciones y contrarresta la tendencia a la inflamación (beber dos veces al día de 50 a 60 mililitros de zumo de aloe vera diluidos en zumo de frutas).

No hay que hacer un maratón, pero caminar de modo regular y ligero puede prevenir las dolencias en las articulaciones.

Dolencias hemorroidales

En las mujeres en el climaterio a veces se puede dar una congestión sanguínea en el bajo vientre, lo que puede llevar a una retención de sangre en las hemorroides (almohadillas vasculares en forma de nudos bajo la mucosa anal), con sus típicos síntomas.

También la reducción de firmeza en el tejido conjuntivo, que suele aparecer a edad avanzada, favorece el aumento de esas molestas y dolorosas almohadillas vasculares. Pero los dolores quemantes y el picor en la zona anal no tienen que ser obligatoriamente un indicio de la existencia de hemorroides.

El trasfondo de semejantes síntomas puede estar, por ejemplo, en un eccema anal que surge por intolerancia hacia determinados alimentos, por infecciones de hongos en el intestino o también por una limpieza excesiva con un producto higiénico de efectos agresivos.

> Las hemorroides pertenecen al tipo de dolencias consideradas «embarazosas» y por las que no se acude al médico. Pero si se da la sospecha de su existencia, es obligatoria una visita profesional para de esa forma descartar causas peligrosas.

Lo que puedes hacer por ti misma

- Hay que comer alimentos ricos en sustancias de lastre, como son la fruta, la verdura, las patatas o los productos integrales. Mientras el bolo alimenticio pasa por el intestino, las fibras contenidas en él se empapan con agua, lo que lleva a rápidas defecaciones. Evita las comidas rápidas o las preparadas, ya que a ambas le faltan los materiales de lastre que mantiene ocupado al intestino.

- Hay que beber la menor cantidad posible de alcohol, ya que dilata los vasos y favorece también el engrosamiento de las hemorroides.
- Bebe regularmente zumo de aloe vera (2 veces al día, unos 30 mililitros). Esto favorece la defecación y estimula a la vez las fuerzas de autosanación del organismo.
- En caso de inflamación de la zona anal, hay que evitar las comidas fuertemente especiadas, ya que irritan la piel y pueden provocar dolores de quemazón.
- Reduce el sobrepeso. Los kilos de más suponen una carga para los vasos.
- En la zona anal hay que mantener una perfecta higiene para así reducir al mínimo el riesgo de inflamación. Renuncia a utilizar sustancias higiénicas que sean agresivas.
- Practicar deporte con regularidad. Esto fortalece los vasos y estimula la circulación sanguínea.

> Con el descenso del nivel de estrógenos se va perdiendo paulatinamente la firmeza del tejido de la zona del suelo pelviano. Esto favorece la ampliación de los desagradables angiomas (nódulos vasculares). Una gimnasia especial orientada al fortalecimiento de la musculatura de estas zona es una de las mejores posibilidades de prevención (véase página 136).

Enfermedades cardiocirculatorias

Mientras que, según las estadísticas, las mujeres jóvenes tienen un riesgo mucho menor de ataques al corazón y apoplejías que los hombres de la misma edad, con el climaterio aumenta claramente en nosotras la frecuencia de estas enfermedades. Un motivo para ello es la disminución de la producción de los estrógenos propios del cuerpo. La hormona femenina, que falta en el climaterio, favorece el metabolismo del azúcar y las grasas, con lo que se contrarrestan los depósitos en los vasos sanguíneos (la denominada arteriosclerosis). Junto a estas causas puramente físicas, hay otros muchos factores que también juegan un papel importante a la hora de padecer enfermedades cardiovasculares.

Ir sobre seguro. Chequeos

Si con el climaterio aparecen afecciones como taquicardias o trastornos circulatorios, esto no significa que padezcas una enfermedad que te suponga un riesgo de muerte. Estos síntomas suelen ser inocuos y desaparecen por sí solos pasado un tiempo. Pero, para tu seguridad, deja que el médico te haga un chequeo y así poder descartar posibles causas.

El papel del colesterol

El colesterol, así como los triglicéridos, forman parte de las grasas sanguíneas que el organismo precisa en cierta cantidad para obtener energía y crear hormonas y vitamina D. Existen dos tipos de colesterol: LDL (low density lipoproteins), conocido como «colesterol malo» que, en caso de un nivel excesivo, se adhiere a las paredes vasculares, y el HDL (high density lipoproteins), que también se designa como «colesterol bueno». Cuanto mayor sea su nivel en la sangre, mejor se eliminará el colesterol LDL en exceso.

> Incluso aunque sepan bien, el cuerpo perdona muy poco a poco los pecados reiterados en el campo de la alimentación.

Un factor de riesgo para todos

En el pasado se asignaba al colesterol la culpabilidad principal de la arteriosclerosis y los infartos de miocardio. Ahora los especialistas los tratan, sin embargo, de una forma diferenciada. En consecuencia, las mujeres jóvenes que tienen un alto nivel de colesterol en sangre sufren, en general, de un riesgo de infarto de miocardio ligeramente elevado (aunque, gracias al efecto protector de los estrógenos, se ven menos afectadas que los hombres de la misma edad). Con una edad más avanzada este valor de la grasa en la sangre juega cada vez un papel menos decisivo. En el caso de mujeres por encima de los 65 años, la denominada hipercolesterolemia (como denominan los médicos a un nivel elevado de colesterol) ya no es un factor de riesgo.

Otra cosa ocurre con el HDL «bueno». Un nivel demasiado bajo eleva el riesgo al llegar a una edad avanzada. Visto desde la mera estadística, las mujeres con un HDL por debajo de los 50 mg/dl (miligramos por decilitro de sangre) tienen un riesgo de infarto superior en un 100% (¡el doble!) al que tienen las mujeres con más de 60 mg/dl.

> Un vaso de vino tinto favorece el riego sanguíneo y protege los vasos. Úsalo, pero sólo como una buena medida. Sin embargo el lema de «cuanto más, mejor» sirve en lo que se refiere al empleo del aceite de oliva.

La «paradoja francesa»

El pueblo francés constituye, seguramente, uno de los que se resiste más firmemente al culto de la salud. Allí prefieren un molesto cálculo de calorías que sudar con el *footing*.

Sin embargo, siguiendo un estudio general de la OMS: Organización Mundial de la Salud (WHO: World Health Organization), en ningún país hay un número tan bajo de infartos de miocardio como el que se contabiliza en Francia. En el sur, donde tradicionalmente se cocina con muchas legumbres, verduras frescas y aceite de oliva, los infartos de miocardio aparecen en menor número todavía. Como se ha comprobado, la dieta mediterránea eleva la parte «buena» del colesterol HDL. También un consumo moderado de vino, como es habitual en las zonas del sur (en el caso de las mujeres no más de dos vasos de vino al día) se ha mostrado como beneficioso: favorece el riego sanguíneo, ejerce un factor de protección sobre el sistema vascular y, por eso, hace descender el riesgo de infarto de miocardio. El bajo número de enfermos entre los franceses no es, por tanto, nada paradójico.

> Los ácidos grasos esenciales hacen que el aceite de oliva sea muy valioso.

Lo que puedes hacer por ti misma

- No fumes. La nicotina es un veneno para los vasos.
- Protégete de la arteriosclerosis con una alimentación sana. Para un fortalecimiento vascular a largo plazo debes cuidar especialmente que tu ingesta de vitamina C sea suficiente. Si padeces de una tensión alta debes, además, limitar el consumo de sal.
- Integra en tu plan de comidas aquellos alimentos que favorecen el riego sanguíneo. Entre ellos encontramos la cebolla, el ajo, el puerro, el pimentón, la pimienta, la guindilla, como otras hierbas y especias picantes.
- Evita el estrés prolongado. Una sobreexigencia física y mental permanente llevan la tensión a las nubes y suponen una prueba de carga para el corazón. Si tienes ajetreo durante todo el día, al menos por las noches y en el fin de semana

debes tener tranquilidad y relajación (véase página 169 y siguientes).
- Realiza de un modo regular suficiente ejercicio. Nadar, andar y montar en bicicleta son especialmente adecuados para fortalecer el corazón. Lo óptimo son paseos por la montaña, ya que la vida a un cierto nivel de altura mejora a largo plazo el rendimiento del corazón.
- Duerme lo suficiente. Tu corazón precisa de fases de tranquilidad para regenerarse.

> Las mujeres se ven afectadas por infartos de corazón en menor número que los hombres por lo que tienen una mayor esperanza de vida. Se supone que la causa radica en que las mujeres mayores, por su elevada esperanza de vida, viven en soledad más que los hombres, y en esas ocasiones no tienen a nadie que les pueda prestar ayuda a tiempo.

Sofocos

En el marco del cambio hormonal, ocasionalmente se produce una estimulación no deseada del centro de temperatura en el cerebro, con lo que los mensajes se transfieren de modo erróneo: «Temperatura del cuerpo demasiado alta. Activar mecanismo de enfriamiento». Para activar el efecto de enfriamiento solicitado, el cuerpo produce sudoración, pues sudar genera frío por evaporación. Por las noches, debido a la influencia adicional del calor de la cama, según las circunstancias se pueden llegar a sufrir fuertes accesos de sudor hasta el punto que el camisón se nos quede pegado al cuerpo. Quien cada noche y durante mucho tiempo se vea afectada por este tipo de ataques, no puede pensar en un sueño tranquilo y relajante.

Equilibrio de la temperatura a base de la homeopatía

Una de las fortalezas de la homeopatía (véase página 49 y siguientes) radica en la elección del remedio y ajustarlo exactamente a la sensibilidad mental y corporal de cada uno en particular. En lugar de elegir una sustancia para un determinado cuadro clínico, la homeopatía dispone el preparado adecuado para la situación individual del afectado. En esta forma de actuar reside el motivo por el que la homeopatía se implanta con tanto éxito tanto en los trastornos del climaterio como en los sofocos.

> Un tratamiento homeopático nunca es rápido. Antes de elegir el remedio terapéutico debes mantener una entrevista detallada con el médico naturista.

Los fármacos más importantes

- Lachesis: sofocos que aparecen a menudo. El roce (con ropa demasiado ceñida) y el calor (habitaciones sobrecalentadas, sol) se pueden sentir como desagradables. Dificultades para despabilarse después del sueño. Intranquilidad e irritabilidad junto a impulsos de excesiva locuacidad. Sensación de estar bajo presión y querer «salirte de tus casillas».

> Los dolores no tienen por qué surgir en todo el cuerpo. En el climaterio las dolencias se pueden aliviar también de un modo homeopático.

- Azufre: sofocos con la sensación de calor ardiente en la cabeza, manos y pies. Necesidad de sacar los pies de la cama a causa del calor. Por las mañanas debilidad de estómago. Ataques repentinos de hambre antes de comer. Deseo de ingerir cosas dulces. Sensibilidad frente al frío y a los esfuerzos exagerados. Estar mucho tiempo de pie se percibe como algo agotador mientras que estar tumbada nos resulta beneficioso. Oscilaciones entre hiperactividad y pereza. Tendencia al egocentrismo e impaciencia frente a las demás personas.
- Sepia: sofocos con erupciones de sudor que dejan tras de sí sensación de debilidad. Propensión a desvanecerse y al malestar matutino. Sensibilidad exagerada e irritabilidad. Sensación general de agotamiento. Impaciencia, comportamiento muy crítico frente a los demás y ataques de ira mezclados con un sentimiento de indiferencia, abatimiento y frecuente tendencia al llanto.

> Aun cuando la acción de la medicina homeopática no se puede demostrar por medio de métodos empíricos-científicos, hay documentados buenos resultados, que no pueden tratarse como puro efecto placebo, de la homeopatía en veterinaria.

La automedicación es complicada

Junto a estos remedios aislados, en homeopatía existen gran cantidad de remedios complejos (es decir, de combinaciones de medicamentos) que también resultan muy eficaces en el caso de sofocos y ataques de sudor. El éxito de una terapia con este tipo de remedios naturales depende plenamente de acertar con la mezcla adecuada y con la localización exacta de la sustancia ante la que reacciona el cuerpo. Por este motivo, la mayoría de las veces resulta complicada practicar la automedicación. Si buscas una forma de tratamiento que te mejore, se hace recomendable la visita a un homeópata o a un especialista en medicina naturista.

Lo que debes evitar

- El estrés y la excitación pueden reforzar los sofocos, así como las cargas mentales, las angustias y las preocupaciones.
- El café, el té negro y el alcohol procuran una subida de la tensión arterial, provocando de ese modo la formación de oleadas de calor. Además pueden incrementar las palpitaciones.
- Las comidas picantes, especialmente por las noches, tienen un efecto marcadamente excitante y pueden provocar que interrumpan tu sueño y te despiertes bañada en sudor.
- Un maquillaje intenso separa a la piel del contacto con el aire y refuerza aún más la sensación de calor.

> No es necesario dramatizar en el caso de sofocos. La excitación por la angustia y el deseo de aliviar una desagradable erupción de sudor pueden dar lugar a que se intensifiquen más los síntomas.

Lo que puedes hacer por ti misma

- Eleva la ingesta de vitamina C y calcio, ambos actúan contra los sofocos. Una buena fuente de calcio son, por ejemplo, la mostaza, el diente de león, los berros, las almendras y el sésamo.
- Equilibra tus oscilaciones hormonales con infusiones que activen las hormonas (véase página 41 y siguientes).

- Realiza regularmente técnicas de relajación (véase página 169 y siguientes) para aliviar el estrés y, de ese modo, disminuir la frecuencia y la intensidad de los sofocos.
- Elige una ropa suelta, ligera y transpirable realizada a base de fibras naturales y, en lugar de un jersey gordo, ponte mejor varias prendas delgadas una sobre otra, de modo que si lo necesitas te puedas despojar de algunas de ellas.
- Lo mejor es que te cambies de ropa cuando disminuya el calor y, de esa forma, evitarás enfriamientos. Piensa en disponer de ropa de recambio en tu trabajo.
- Refrigérate a base de la aromaterapia: agua tibia con un par de gotas de aceite esencial de menta o hierbabuena, moja un pequeño pañuelo, escúrrelo y colócalo en las partes húmedas de la piel. Tras retirar la compresa no hay que secar para, de esa forma, aprovechar adicionalmente el frío de la evaporación. Una compresa o mojarte la cara con una infusión de camomila fría o zumo de aloe vera tiene el mismo efecto. En el caso de piel muy seca ponte en la cara algo con aceite de almendras.

> Los trastornos de incontinencia suelen callarse frecuentemente a causa del pudor. El control defectuoso de las salidas de orina es padecimiento que sufren por igual hombres y mujeres, y se pueden aliviar si se toman medidas a tiempo.

Trastornos de incontinencia

Cuando el tejido del tracto urinario inferior, con edad avanzada y tras el descenso del nivel de estrógenos, pierde estabilidad y fuerza de sujeción, se puede llegar a un síntoma muy incómodo: la pérdida incontrolada de orina.

Ya que en las mujeres el esfínter de la vejiga, al contrario que en los hombres, no está situado directamente en la salida de orina, sino en el tercio superior de la uretra, la vejiga no se puede cerrar tan firmemente. Con la debilitación de la mucosa este efecto de cierre disminuye aún más.

Tres tipos de incontinencia

- La incontinencia de urgencia se debe a una elevada tensión en la pared de la vejiga. Es culpable de que la vejiga, por pequeños estímulos, se haga perceptible a base de unas ganas irremediables y muy fuertes de orinar. El trasfondo de la dolencia suele ser en la mayoría de los casos un trastorno de la actividad muscular y de los nervios de la vejiga o de la uretra.
- Las incontinencias de estrés o de esfuerzo aparecen cuando el músculo de cierre ya no cierra tan firmemente, como por ejemplo en el caso de un descenso del útero o cuando se han dado partos complicados. Así, en caso de elevarse la presión de la vejiga aparecen pérdidas de orina, sobre todo al toser, reír o estornudar o en caso de esfuerzos corporales.
- En el 30% de todos los casos se da de un modo combinado una incontinencia urgente y por estrés.

Para el tratamiento es necesaria una diferenciación lo más nítida posible de las tres formas mencionadas. En el consultorio urológico o en los ambulatorios especializados de las clínicas ginecológicas se llevan a cabo este tipo de análisis urodinámicos.

> El saber con precisión donde está el más próximo cuarto de baño es, para muchas mujeres, una condición imprescindible antes de aventurarse a salir de las cuatro paredes de su casa.

Lo que puedes hacer por ti misma

- El entrenamiento regular del suelo pélvico es el mejor remedio de que dispones en caso de debilitamiento del esfínter de la vejiga (véase página 134 y siguientes). Puede servirte de alivio en el caso de que ya padecieras de ese trastorno.
- Para disfrutar de una buena digestión, preocúpate de tener una alimentación básicamente saludable y rica en materias de lastre, pues las flatulencias y el estreñimiento presionan sobre el suelo pélvico y la vejiga.
- Antes de hacer esfuerzos corporales o de embarcarte en empresas de larga duración, si no hay un servicio en las cercanías se recomienda beber poco. Debes evitar el café o el té negro, pues ambos tienen un efecto diurético.
- Si te aparecen trastornos de incontinencia junto a una irritación de la uretra o una fuerte sequedad vaginal, las aplicaciones vaginales con aceites que contengan vitamina E (aceites de germen de trigo) o las cremas de estrógenos pueden servirte de alivio.

Trastornos en la concentración

Se trata de una acción reciproca entre los estrógenos, las hormonas de estrés y los neurotransmisores del sistema nervioso. Si fluctúa la parte de hormonas femeninas en la sangre, se puede dificultar la concentración y esto puede llevarte a algún despiste ocasional. Te puede ocurrir que, por ejemplo, vayas a la cocina a coger un yogur de la nevera y una vez que llegues allí ya no recuerdes a que has ido en realidad, o bien que hayas echado dos veces sal a las patatas.

Los mensajeros rápidos

Los estrógenos no son las únicas hormonas que influyen en la memoria. Un papel igual de importante juegan los denominados neurotransmisores. Son sustancias de excitación o de transmisión de impulsos nerviosos que se producen en vesículas en los centros nerviosos y cerebrales y que se transportan a través de las vías nerviosas. Con ello son esencialmente más rápidos que los mensajeros que se transmiten a través de la corriente sanguínea.

Los aceites de alta calidad fortalecen la memoria

Los neurotransmisores más conocidos son la noradrenalina, serotonina, dopamina y acetilcolina. La última tiene especial importancia en la capacidad de concentración y para una buena memoria. Se produce por acetilación de la colina (una vitamina del grupo B) con acetilcoenzima A, y aparece en gran cantidad en las nueces, el pescado, en los aceites vegetales obtenidos por presión fría, en el aceite de onagra y en la lecitina de soja.

> No seas muy dura contigo misma si ocasionalmente olvidas algo o si te cuesta trabajo concentrarte. Esto también le ocurre a la gente más joven, por lo que no debes dejar que pasen por tu cabeza ideas fantasmales referidas, por ejemplo, a términos como «Alzheimer» o «demencia».

Lo que puedes hacer por ti misma

- Nuestro cerebro, como órgano extremadamente complejo, necesita de un abastecimiento óptimo de sustancias nutritivas. Una alimentación saludable y rica en materiales vitales es muy importante para incrementar tu capacidad de concentración (se pueden consultar los consejos sobre alimentación en la página 67 y siguientes).
- De modo distinto a las demás células corporales que pueden cubrir tus necesidades energéticas con grasas o proteínas, el cerebro necesita especialmente de glucosa «combustible». Para garantizar un abastecimiento equilibrado de esta sencilla forma de azúcar, no debes comer cosas dulces. El azúcar allí contenido sería rápidamente disuelto para poder mantener de un modo duradero el nivel de glucosa en sangre, y a una rápida elevación de la concentración le seguiría una pronta recaída. Los hidratos de carbono complejos (por ejemplo los que hay en los productos integrales, el arroz natural, la fruta y la verdura) se ocupan de un balance energético estable y de la correspondiente buena concentración; la glucosa que allí se encuentra va siendo liberada poco a poco por las enzimas de la digestión en un proceso de larga duración con el fin de abastecer a las células del cerebro con una continua corriente.
- El cerebro necesita mucho oxigeno. Sal todos los días a dar un paseo por un lugar que sea lo más rico posible en oxígeno (por ejemplo, el bosque) o practica mucho deporte. Los estímulos de frío como duchas alternantes o baños Kneipp mejoran el riego sanguíneo y con ello el abastecimiento de oxigeno al cerebro.
- Entrena regularmente tu cerebro. Si no tienes una exigencia mental, se reducirá rápidamente la capacidad de rendimiento. La falta de estímulos y de iniciativa hacen que el aparato pensante se haga lento y poco flexible.

Dolores de cabeza

Algunas mujeres que durante años han sufrido migrañas crónicas o dolores de cabeza, viven el climaterio como una liberación, ya que el cambio hormonal hace desaparecer sus síntomas. En otras mujeres, estos trastornos pueden aparecer a raíz del climaterio.

> Numerosas investigaciones confirman que también a una edad avanzada es posible aprender cosas nuevas y que el cerebro de las personas mayores mentalmente activas mantiene su capacidad de rendimiento durante más tiempo.

Causas diversas y síntomas

- Los dolores de cabeza por tensión se hacen perceptibles, por regla general, en la zona de la frente y la nuca. Se crean debido al estrés y a tensiones musculares, es decir, no están en relación directa con el cambio hormonal.
- Las migrañas aparecen en forma de ataques, la mayoría de las veces con dolores fuertes en un sólo lado del cráneo, que en muchas mujeres hacen aparecer, además, trastornos de visión y sensación de sordera así como hormigueo en las extremidades. Muchas veces van precedidas de malestar. Hasta el momento no se han explicado con certeza sus causas. Sin embargo es posible que provengan de una inflamación nerviosa que fomente una dilatación de los vasos sanguíneos del cerebro. Los posibles mecanismos desencadenantes de estos desagradables dolores son el alcohol (en especial el vino tinto), el estrés, el ruido, la luz, diversos alimentos (por ejemplo, los quesos con moho), los fenómenos atmosféricos y, además, también los estrógenos. Si con el climaterio se redu-

ce la proporción de hormonas femeninas estas migrañas pueden desaparecer.
- Pero también existe el caso opuesto: algunas mujeres sufren los denominados dolores de cabeza de retirada hormonal, que se producen por el descenso del nivel de estrógenos. Suelen aparecer normalmente poco antes del periodo. Por la disminución, condicionada cíclicamente, de los estrógenos se activa un mensajero químico cerebral que provoca la dilatación de los vasos sanguíneos contiguos, estimula las terminaciones nerviosas y genera calambres musculares.
- A una edad más avanzada, en el útero se produce más prostaglandina, que es la responsable de que aparezcan los dolores de cabeza de menstruación.

> El cerebro y los nervios reciben su energía de la glucosa, un azúcar sencillo. Pero los dulces no son un alimento apropiado para el cerebro. Comidos en abundancia llevan a un suministro excesivo de insulina y con ello a una reducción del nivel de azúcar en sangre. Por ello el aparato pensante no queda suficientemente provisto de sus necesarias e importantes materias energéticas.

Dolores de cabeza por estrógenos de complemento

En muchas mujeres se pueden desarrollar dolores de cabeza crónicos como efecto secundario poco deseado de la terapia de complemento hormonal. Sobre todo aparecen cuando se han tomado estrógenos y progesterona en el cambio cíclico, por lo que resulta alterado el nivel hormonal. El paso a una forma de terapia continuada, en la que diariamente se tome la misma dosis hormonal, puede hacer que los síntomas desaparezcan.

También la toma de la píldora antibaby puede provocar estas migrañas de falta de estrógenos, que siempre ocurren durante las pausas en la ingestión de la píldora. Podría resultar adecuado, según las circunstancias, que te pasaras a otra forma de anticoncepción.

Relajar intencionadamente los músculos de la nuca

Si eres propensa a padecer dolores de cabeza de tensión, te puede ayudar a prevenirlos una gimnasia especial que sirva para la relajación de la musculatura de la nuca. A veces se puede conseguir alivio incluso en el caso de ataques agudos de dolor.

> Si sufres de dolores de cabeza crónicos o especialmente fuertes se hace necesaria, obligatoriamente, una visita al médico para asegurarte que en el fondo no se oculta algo más grave. Sin hablar con un médico no debes arriesgarte a tomar analgésicos durante mucho tiempo.

Entrenamiento de relajación para la nuca

- En caso agudo: colócate erguida cerrando los ojos. Concéntrate en tu respiración durante un tiempo y de modo plenamente consciente. Eleva suavemente los hombros hacia atrás y mantente así durante varios ciclos de respiración. Si tienes la sensación de haberlo hecho bien, repite varias veces.
- Preventivo: enlaza las manos detrás de la nuca y presiona ligeramente contra la región occipital, de tal modo que se tense la musculatura de esa zona. Debes preocuparte de que no se alcen los hombros. Mantén la tensión durante varios ciclos de respiración y luego aflójala de forma consciente.

- Preventivo: inclinar la cabeza hacia la izquierda y a la vez desplazar el hombro derecho hacia abajo. Estira el brazo y lleva las puntas de los dedos hacia arriba, hasta que notes un fuerte estiramiento. Mantén la tensión durante varios ciclos de respiración y luego suelta conscientemente. El ejercicio se debe repetir varias veces con cada lado.

Lo que puedes hacer por ti misma

- En ataques agudos de dolor el organismo precisa de tranquilidad. Túmbate e intenta dormir. En las migrañas debes dejar la habitación a oscuras.
- Una compresa caliente con aceites esenciales puede aliviarte en caso de que padezcas de dolores de cabeza por tensión: echa en un recipiente con agua caliente un par de gotas de aceite de lavanda, de melisa o de romero, moja un pequeño pañuelo, escúrrelo bien y luego colócatelo en la nuca.
- También tiene un efecto de alivio una compresa fría en la frente y una almohadilla dura en la nuca.
- En el caso de dolores agudos de tensión puedes obtener alivio por la dosificación adecuada de un analgésico (por ejemplo, que contenga como sustancias activas ácido acetilsalicílico o paracetamol). Los trastornos que persisten durante horas generan más efectos secundarios en el organismo que los que podrían producir las pastillas. Valora el ataque como señal de una necesidad de tranquilidad y tómate una pausa aunque el dolor desaparezca después de tomar un medicamento.

Otra vez ese dolor conocido, la migraña. Solo deberás tomar pastillas en casos excepcionales.

> **Dolores de cabeza condicionados por dependencias**
>
> Cuando los amantes del café renuncian de repente a su bebida favorita, se puede dar la aparición de un verdadero síndrome de abstinencia: a menudo las consecuencias son dolores de cabeza, depresiones y sensación de mareo. Por ello el consumo se debe ir reduciendo poco a poco a lo largo de varias semanas o bien pasar paulatinamente a un café descafeinado.
> También el mal uso de los analgésicos (sobre todo la ingesta prolongada de medicamentos con ergotamina como sustancia activa) puede llevar a dolores crónicos de cabeza.

- En el caso de dolores reiterados es importante aclarar las causas y, si es posible, eliminarlas.
- Una migraña no siempre se consigue dominar fácilmente. Cuando empiezan los ataques, a veces podrás llegar a controlarlos a base de agua caliente. Colócate bajo la ducha y sitúa la alcachofa de la ducha entre el cuello y el comienzo del pelo.

Por regla general no puedes hacer nada sin la ayuda que te pueden prestar los analgésicos. La investigación farmacológica ha puesto en el mercado en los últimos tiempos una gran cantidad de nuevos preparados especialmente concebidos contra las migrañas. Tu médico te puede decir cual es el más adecuado para tu caso.

Mastopatías

En la mayoría de los casos, las alteraciones en los senos que pueden aparecer en el climaterio son benignas. Si por ejemplo se forma un quiste, un fibroma o también una acumulación dolorosa de grasa (lo que se denomina una mastopatía), las dolencias, según las circunstancias, se pueden aliviar con remedios naturales. Pero sin embargo no hay que esperar rápidas consecuencias de tales remedios. Pueden pasar de tres a cuatro semanas hasta que se nota una mejoría y, además, no todos los métodos son igual de efectivos para todas las mujeres. Por tanto debes probar lo que resulte mejor para ti.

> Los ataques frecuentes de migrañas pueden llevar a la desesperación a la persona afectada: el dolor es realmente insoportable aunque no lo perciban así las personas que vivan en nuestro entorno. Debes informarte sobre los tratamientos actualmente disponibles.

Lo que puedes hacer por ti misma

- Compresas con tierra arcillosa para desintoxicación y drenaje (¡hacer una pausa durante la menstruación!): la tierra arcillosa se debe colocar en un recipiente de cristal o de porcelana y se debe dejar allí hasta que se forme una masa homogénea que se colocará directamente sobre la parte afectada. No colocar en los pezones. La misma tierra arcillosa no se debe utilizar varias veces. Los dolores se pueden acentuar al principio antes de que aparezca mejoría.
- Recubrimiento con hojas de col que primero se hayan ablandado en agua caliente. Tiene un efecto desintoxicante y de drenaje.
- Compresas con llantén *(Plantago media)*, consuelda *(Symphytum officinale)* o lobelia *(Lobelia erinus)*.
- Las compresas calientes con aceite de ricino: empapar pañuelos de celulosa y colocar sobre la parte afectada.

Cubrir con un plástico y mantener caliente con una almohadilla eléctrica o una bolsa de agua caliente.
- Consumo diario de algas marinas (por ejemplo alga vesiculosa, con una cucharadita al día es suficiente).
- Infusión de pimienta de monje *(Vitex agnus castus),* de trébol rojo *(Trifolium pratense)* o de hojas de violeta *(Viola odorata).*
- Un consejo para la prevención: muévete lo más posible y, si es posible, al aire libre. Esto activa el sistema circulatorio y un cuerpo bien irrigado tiende menos a la formación de quistes y de proliferaciones celulares.

> Cualquier alteración que percibas en tu pecho debe, sin retraso, ser examinada por el médico. La mayoría de las veces las causas suelen ser inofensivas, pero en caso contrario, un reconocimiento a tiempo puede ser un factor decisivo.

Osteoporosis

En nuestro sistema óseo durante toda la vida surgen procesos, de integración y desintegración. En ellos juegan un importante papel dos tipos de células: los osteoblastos (células formadoras o de construcción) que son las adecuadas para la formación de las estructuras óseas, y los osteoclastos (células devoradoras o destructoras) que disuelven la masa ósea. Esto no tiene nada que ver con ningún síntoma de decadencia, sino que al estar regenerándose constantemente forma parte natural del organismo. Sólo por medio de esta constante degeneración y regeneración óseas se pueden curar, por ejemplo, las fracturas. En la segunda mitad de la vida sin embargo se impone el proceso de destrucción, de modo que un organismo sano pierde aproximadamente de un 0,5 a un 1% de su masa ósea. Este hecho afecta a los dos sexos y no precisa de tratamiento. Lo crítico surge cuando se trastorna el equilibrio entre osteoblastos y osteoclastos y se pierde más masa ósea de la que se regenera. Entonces los huesos se vuelven porosos y aparece el peligro de fracturas.

Hormonas y el metabolismo óseo

Como en todos los procesos corporales, en los de creación de los huesos también toman parte las hormonas. En ellos no sólo tienen un papel importante las hormonas femeninas, sino también las masculinas. Estas últimas juegan una función fundamental en la estructuración ósea, de modo que los hombres (en los que, generalmente, el nivel de andrógenos es más alto) siempre tienen mayor espesor de los huesos que las mujeres.

Los estrógenos femeninos son importantes en otro aspecto: por un lado favorecen la producción de calcio que proviene de la alimentación y con ello ponen a disposición del cuerpo una de las sustancias más importantes para la estructuración de los huesos. Por otro lado se reactiva la distribución de la hormona tiroidea, la calcitonina, que se ocupa de inhibir la reabsorción excesiva de calcio en los huesos.

> En el caso de una osteoporosis muy avanzada, el único remedio que resulta efectivo puede ser una terapia de tipo medicamentoso (por ejemplo, a base de bifosfonatos u hormonas). Pero no se pueden utilizar para todas las mujeres y además implican riesgos añadidos y efectos secundarios.

Así mantienes en forma tus huesos

- Haz que tu esqueleto se esfuerce con regularidad. Un entrenamiento guiado es la mejor posibilidad de que exista un reforzamiento de la sustancia ósea. Óptimo: hacer *footing* con peso en las manos o en los pies, o un entrenamiento ligero con halteras.
- Come con frecuencia verdura con mucho calcio, por ejemplo col rizada, brócoli, judías verdes y puerro. El calcio es soluble. Por eso debes lavar muy poco las verduras, no dejarlas en el agua y cocerlas con la menor cantidad de agua posible. Lo mejor es aprovechar el líquido en el que se cuecen (por ejemplo, para la preparación de salsas). Algunos tipos de verduras disponen de mucho calcio, pero también una cantidad relativamente alta de ácido oxálico, el cual impide la absorción de la sustancia mineral. Entre ellas se cuentan, por ejemplo, las espinacas y las acelgas.
- La leche contiene una gran cantidad de calcio y a la vez mucha caseína que, como inconveniente, es una proteína de difícil transformación para el organismo. Los productos de leche ácida, como el yogur, la cuajada o el kéfir son fáciles de digerir.
- Una buena fuente de calcio se encuentra en el agua mineral. Elige una marca o tipo que sea rico en calcio (por ejemplo, unos 500 miligramos por litro) y, a su vez, escaso en sodio (con un máximo, por ejemplo de aproximadamente 50 miligramos por litro).
- La grasa animal es un inhibidor de la recepción del calcio. Reduce en todo lo que puedas tu consumo de carne y se parca en lo que se refiere a la mantequilla y la nata.

> ### *Factores de riesgo para la osteoporosis*
>
> - Piel clara, pelo rubio, constitución corporal esbelta (falta de peso),
> - Alimentación escasa en calcio,
> - Falta de vitamina D,
> - Fumar,
> - Frecuentes dietas radicales,
> - Tratamientos largos con cortisona,
> - Eliminación quirúrgica de los ovarios antes de los 40,
> - Menopausia temprana, antes de los 40.

- La vitamina D juega un papel importante en la recepción del calcio a través del intestino. Se crea a partir del influjo de la luz solar sobre el colesterol. Por ello debes estar diariamente un mínimo de 20 minutos al aire libre. Que las personas que viven en países del sur enfermen menos de osteoporosis da una idea bastante aproximada a la realidad de que en su piel, por estar expuesta de un modo más intenso al sol, casi no se produce carencia de vitamina D. También puedes suministrar a tu organismo esta valiosa vitamina a través de la ingesta de pescado marino.
- No tomes laxantes, ya que hacen que el cuerpo pierda calcio. También un consumo excesivo de alcohol, cafeína y nicotina inhibe la distribución del calcio en el cuerpo.

> En caso de padecer un riesgo elevado de osteoporosis, como muy tarde en el climaterio debes ser plenamente consciente de tu alimentación y resulta obligatorio que tomes precauciones, incluso cuando todavía no padezcas síntomas agudos de la enfermedad.

Dolencias vaginales

Según avanza la edad, la vagina se acorta y estrecha. La falta de estrógenos hace además que la mucosa de esta zona se haga a la vez más delgada y sensible.

Algunas mujeres se quejan de que su vagina, en la estimulación sexual, ya no es tan húmeda como lo era antes. También el clítoris se modifica: se hace más pequeño y la piel delantera, con el tiempo, se puede retraer tanto que lo deje desprotegido ante los roces, lo que lleva a dolor y picazón.

> Con el ejercicio y una alimentación sana dispondrás de los mejores elementos para prevenir la osteoporosis.

El lactobacilo protector

Junto al debilitamiento de la mucosa vaginal también el déficit del balance de ácidos en la vagina puede llevar a problemas. El número de bacterias de ácidos lácteos que son responsables de su mantenimiento dependen de hecho de tu nivel de estrógenos. Sin las bacterias protectoras, que constituyen la denominada «flora Döderlein», las infecciones (y los hongos) se pueden propagar de forma muy rápida. Preocúpate de reforzarlas: empapa un tampón normal en un yogur de tipo bio e introdúcetelo. Como alternativa, en las farmacias también existen supositorios vaginales con cultivos activos de estas bacterias .

La homeopatía puede ayudar

Con remedios homeopáticos se puede tratar con éxito la mayoría de los casos de sequedad vaginal. Los más importantes son:

- Belladona *(Atropa belladona):* el caso de vaginas muy dolorosas, secas y extremadamente sensibles.
- Brionia *(Bryonia alba):* en el caso de mujeres que en general se sienten secas (no sólo en la vagina, sino que también observe que sus deyecciones resultan muy secas).
- Licopodio o pie de lobo *(Lycopodium clavatum):* en el caso de sequedad vaginal junto a piel muy seca; además eleva la seguridad en una misma.
- Cloruro de sodio o sal común: resulta beneficioso en el caso de dolores ardientes durante el acto sexual, picor en los genitales externos y caída de pelo en las partes íntimas.

Plantas curativas que sirven de alivio

- *Alchemilla vulgaris* (pie de león): tiene un efecto reconstituyente de los órganos sexuales femeninos y ayuda a mantener sana la mucosa vaginal.
  Bien en forma de tintura (3 veces al día 10 gotas) diluida en algo de agua, o como infusión (1 puñado grande de hierbas por cada litro de agua).
- *Calendula* (caléndula): utilizado como tintura diluida tiene un efecto curativo y de alivio en el caso de infecciones y prurito vaginal. También se puede beber en forma de infusión (1 cucharadita por taza)
- *Hamamelis* (hamamelis): contrarresta la sequedad de la mucosa vaginal y los molestos picores: beber 2 veces al día una taza de infusión realizada con las hojas o la corteza de brotes nuevos (una cucharadita por taza, dejar cocer 10 minutos)

Lo que puedes hacer por ti misma

- Administrar a tu cuerpo suficiente vitamina E, ya que esta tiene una influencia positiva sobre las inflamaciones y los picores en la zona genital.

Se encuentra, por ejemplo, en los cacahuetes, en brotes de semillas oleaginosas, en los aceites obtenidos por presión en frío o en la parte verde de las verduras.
- La mucosa vaginal se fortalece con la vitamina A del crecimiento. Buenas fuentes de esta vitamina son el pescado, la lechuga, espinacas, zanahorias y albaricoques.
- Los complejos de vitamina C sirven de alimento para las mucosas. La vitamina B_2 tiene un efecto especial sobre el prurito vaginal. Son recomendables la levadura de cerveza, el germen de trigo, las semillas oleaginosas, las almendras y el pescado.
- En el caso de lesiones agudas se recomienda una cura de seis semanas con supositorios de vitamina E: introducir cada noche un supositorio en la vagina. Por regla general esto actúa mejor que las cremas que contienen estrógenos que prescribe la medicina convencional para los problemas de vagina típicos del climaterio, y además carecen de sus desagradables efectos secundarios.
- Mediante aplicaciones locales de aceite esencial de salvia o de ciprés mantienes la vagina flexible (3 gotas por cada cucharada sopera de una base neutra, como puede ser el aceite de almendras).
- Beber abundantes infusiones de hojas de frambuesa. Son de un sabor agradable y, a la vez, constituyen un magnífico medio de fortalecimiento para la mucosa.

> Se ha divulgado que una limpieza exagerada de las partes íntimas con nebulizadores y lociones agresivas puede ser una causa frecuente de sequedad vaginal. Incluso los productos que antes tolerabas pueden ahora resultarte irritantes para la mucosa, que se ha vuelto extremadamente sensible.

> ### *Esto debes tener en cuenta*
>
> - Los guantes de ducha son un nido ideal para todo tipo de bacterias y por ello son un importante factor de riesgo para las infecciones. Si no te quieres lavar con la mano, utiliza manoplas de un sólo uso o bien, tras el lavado, hazlas pasar por un baño de agua hirviendo.
> - Los jabones alcalinos reducen el contenido de ácidos vaginales y elevan claramente el riesgo de infección. También los nebulizadores íntimos son verdaderos asesinos de la flora de la vagina.
> - Se deben evitar las medias y la ropa interior de materiales sintéticos, ya que cierran herméticamente la ventilación del bajo vientre y crean una especie de clima de invernadero en el que los gérmenes que pueden invadir la vagina encuentran unas magníficas condiciones para su crecimiento.

Insomnio

Cuando nos hacemos mayores, resulta totalmente normal una alteración del ritmo de sueño. En el climaterio, el descanso nocturno de muchas mujeres se ve perturbado por los sofocos. También las fluctuaciones hormonales, sobre todo las que se dan a primeras horas de la mañana, pueden acortar las noches y dejar sensación de cansancio y de no haber dormido.

Lo que puedes hacer por ti misma

- En el caso de problemas a la hora de dormir, te puede servir de ayuda una bebida caliente y sin cafeína. La vieja receta

de leche caliente con miel, por ejemplo, estimula la creación de melatonina y de ese modo favorece la predisposición al sueño.
- También son tranquilizantes y favorecen la llegada del sueño las infusiones para dormir como la raíz de valeriana, el lúpulo, el hipérico, la lavanda o la melisa. Bebe una o dos tazas, aproximadamente una hora antes de irte a al cama.
- Coloca en la cama una almohada de lavanda o de avena, o bien cambia tu almohada habitual por una rellena de espelta o escanda común. Esto también tiene un efecto positivo para el sueño.
- Contra los trastornos del sueño son efectivos los remedios homeopáticos como la *Avena sativa* o avena blanca (en caso de despertarte continuamente), la magnesita o la *Veronica officinalis* (en el caso de trastornos para dormirte). Debes dejar que el homeópata encuentre la combinación de sustancias adecuada para ti.

El hipérico, tanto en infusión como en cápsulas, equilibra tu desazón interna y la depresión anímica.

Apéndice

Las infusiones medicinales más importantes para el climaterio

La infusión es probablemente una de las formas medicinales más antiguas, y el efecto de las plantas curativas, que antiguamente se administraban sólo en base a la experiencia, ha quedado hoy en día científicamente comprobado. El espectro de los efectos de muchas infusiones medicinales es enormemente amplio, y su utilización es realmente sencilla.

Cola de caballo
(Equisetum arvense)

Esta hierba ayuda a la integración del calcio en los huesos y, por ello, tiene efecto contra la osteoporosis. Por su alto contenido en ácido salícico fortalece el tejido conjuntivo.

Valeriana
(Valeriana officinalis)

La infusión de valeriana tiene efecto relajante, no sólo en el caso de trastornos del sueño, sino también en el caso de agitación interior y nerviosismo. También ayuda ante la falta de concentración o frente a la irritación del aparato digestivo.

Ortiga mayor
(Urtica dioica)

Se utiliza fundamentalmente como depurativo, ya que la ortiga colabora con la función de los riñones, favorece la eliminación del ácido úrico y ayuda en el caso de debilidad de la vejiga. Igualmente es un buen remedio para regular menstruaciones especialmente abundantes y para hacer desaparecer el cansancio pertinaz.

Pie de león
(Alchemilla vulgaris)

Ya Paracelso ofrecía esta planta como medio para reconfortar a la mujer. La hierba es diurética, estimula la función de los ovarios, previene las inflamaciones del bajo vientre y tiene efecto contra el flujo, armoniza las irregularidades del periodo.

Frambuesa
(Rubus idaeus)

Produce una infusión que no solo es de un sabor especialmente agradable, sino que también fortalece el útero, atenúa los calambres y provoca alivio en el caso de menstruaciones frecuentes y abundantes. Las hojas poseen mucha vitamina C, por lo que tiene un efecto muy positivo para el sistema inmunológico.

Lúpulo
(Humulus lupulus)

Esta infusión, con sabor ligeramente amargo, tiene un efecto muy eficaz en el caso de trastornos del sueño. Su contenido en polisacáridos, unos estrógenos sustitutivos naturales, hacen que sea ideal para tratar sofocos y la sudoración repentina.

Hierba de san Juan - Hipérico
(Hypericum perforatum)

También se denomina «sol para el espíritu» y es, en primera instancia, un remedio para los estallidos nerviosos que surgen, a menudo, cuando comienza el climaterio. Puede mejorar los estados de intranquilidad, insomnio y fluctuaciones del ánimo. En verano hay que ir con cuidado: en caso de una toma prolongada en el tiempo el hipérico puede provocar sensibilidad a la luz, de tal modo que, por encima de todo, se debe evitar su ingesta en verano. Tampoco son recomendables las visitas a los solarios.

Salvia
(Salvia officinalis)

La planta tiene efecto relajante y para alivio de los calambres. Además, la infusión de salvia impide la producción de sudor y relaja el centro cerebral que sirve de regulador de la temperatura, de tal modo que, tras una ingesta larga, los sofocos desaparecen por completo o, al menos, pueden manifestarse con menos sudoración.

Los mejores consejos para el climaterio

Durante el climaterio no sólo es importante prestar atención médica a la salud del cuerpo. Ahora también la mente precisa de muchas sesiones de caricias para conseguir un bienestar y equilibrio interno. Concédete de un modo regular un día de bienestar y ten en cuenta también las pequeñas ventajas del día a día.

Ejercicios de relajación

En caso de ajetreo y estrés en la vida cotidiana, a menudo ayuda el sentarse tranquilamente durante unos minutos, cerrar los ojos y seguir de un modo plenamente consciente el flujo de nuestra propia respiración para, de esa forma, reencontrarnos con nuestra serenidad interna. Para una vida interior plenamente equilibrada resulta muy efectiva la práctica regular de métodos como el entrenamiento autógeno, la meditación, el yoga o el Tai Chi.

Aromaterapia

Los aceites etéreos pueden ayudar a expulsar los nubarrones negros de nuestro horizonte anímico. Por ejemplo, la lavanda o la madera de cedro tiene un efecto regenerativo de los nervios, la naranja, el jazmín o Ylang-Ylang equilibran las fluctuaciones anímicas, y la falta de iniciativa se puede superar, por ejemplo, con la ayuda del romero y el pino. Algunas gotas en un baño caliente, en el incensario o mezcladas con un aceite para masajes y las esencias desarrollarán un maravilloso y agradable efecto.

Homeopatía

Con los medios homeopáticos se pueden disminuir mucho los sofocos y la sudoración. Para las diversas manifestaciones de estas perturbaciones existen también diversos remedios como lachesis en el caso de sofocos continuados, azufre para los calores ardientes en la cabeza, las manos y los pies o bien sepia en el caso de fuerte sudoración. Lo mejor es que el médico homeópata realice la mezcla que sea más adecuada para ti.

Alimentación

Cuanto más rica en materias vitales sea tu comida, mejor te sentirás. Por ejemplo la fruta fresca, la verdura y el pescado no cansan y proveen al organismo de suficientes sustancias nutritivas. Las verduras frescas, el ajo y el aceite de oliva refuerzan los vasos sanguíneos. Aliméntate de un modo sano, ¡el disfrute no tiene nada que ver con las calorías! Y, no lo olvides: al menos hay que beber dos litros de agua al día.

Movimiento

Para la figura y para un equilibrio interno el ejercicio es fundamental. No tiene por qué ser en un gimnasio de adelgazamiento si es que allí no te encuentras cómoda. Es totalmente suficiente con montar regularmente en bicicleta, pasear o realizar un ligero entrenamiento de marcha para ganarle la jugada a los michelines y los malos pensamientos. Además, subiendo escaleras o limpiando las ventanas también haces mucho en favor de tu buena forma.

Contactos

Si precisas de más información, la encontrarás en los lugares que te mencionamos a continuación. Además, en tu consultorio de la Seguridad Social podrás recibir otras referencias.

A continuación se detallan direcciones, tanto de España como de Sudamérica, que pueden ser de utilidad para las lectoras.

España:

CIM - Centro de Información sobre la Menopausia. Madrid. Telf.: 902 10 10 12

Instituto de la mujer.
Teléfono gratuito: 900 19 10 10
http://www.mtas.es/mujer/principal.htm

Este Instituto edita, de modo gratuito, libros que pueden servirte de ayuda. Destacamos las siguientes guías de salud:

- Salud I: Guía de anticonceptivos y sexualidad. 14ª Reimpresión, 2003.
- Salud V: La menopausia. 8ª reimpresión, 2003.
- Salud VI: La consulta ginecológica. 6ª reimpresión, 2003.
- Salud IX: Mujeres mayores. 5ª reimpresión, 2003.
- Salud X: Familia y reparto de responsabilidades. 5ª reimpresión, 2003.
- Salud XI: Cáncer ginecológico y de mama. 5ª reimpresión, 2003.

Videos:

- La menopausia. Producción: Instituto de la mujer. Realización: Instituto de la mujer, 1993. 15 minutos VHS. Sistema PAL.

Ministerio de salud y consumo (enfocado al tema del climaterio)
http://www.msc.es/Diseno/proteccionSalud/proteccionmujer.htm

Instituto andaluz de la mujer
http://www.juntadeandalucia.es/institutodelamujer/

Cuaderno de Salud de la Junta de Andalucía sobre el tema Menopausia.
http://www.juntadeandalucia.es/institutodelamujer/actualidad/Cuadernos_Salud/salud8.pdf

Instituto Aragonés de la Mujer
www.aragob.es/pre/iam/homi2

Portal español dedicado a la salud de la mujer
http://www.unizar.es/gine/

Baleares: Institut balear de la dona
http://www.caib.es/root/index.ct.jsp

Instituto canario de la mujer
http://www.icmujer.org/

Cantabria: Dirección general de la mujer
http://www.mujerdecantabria.com/

Castilla La Mancha: Dirección general de la mujer
http://www.jccm.es/

Castilla y León: Dirección general de la mujer e igualdad de oportunidades
http://www.jcyl.es/

Extremadura: Dirección general de la mujer
http://www.culturaextremadura.com/

Navarra: Instituto navarro de la mujer
http://www.cfnavarra.es/inam/INDEX.HTM

Euskadi: Instituto vasco de la mujer
http://www.emakunde.es/

La Rioja: Dirección general de servicios sociales
http://www.larioja.org/default.htm

Ciudad autónoma de Ceuta: Centro asesor de la mujer
http://www.ciceuta.es/

Asociación de mujeres para la salud. Madrid
http://web.jet.es/amsalud/

Consejo de la mujer de la comunidad de Madrid
http://www.consejomujer.es/

Centro municipal de información y de recursos para la mujer. Barcelona
http://www.cird.bcn.es/

Asociación española para el estudio de la menopausia
http://www.aeem.es/index.php?seccion=detalle_experto_responde&formato=1&pagina=1&flash=1&user=

Sudamérica

Asociación mejicana de alternativas en psicología.
http://amapsi.org/mod.php?mod=userpage&menu=1218&page_id=119

Consejo nacional de la mujer. República Argentina.
http://www.cnm.gov.ar/

Portal argentino con tema menopausia.
http://www.menopausiahoy.com.ar/

Asociación colombiana de la menopausia
http://www.encolombia.com/guiameno.htm

Revista colombiana dedicada a la menopausia
http://www.encolombia.com/comite.htm

Sociedad portorriqueña de menopausia
http://www.menopausia.org/scripts/menopause.dll/index.htm

Página americana (en español) sobre la menopausia
http://latina.obgyn.net/sp/gyn.htm

Portal en español de salud con un gran apartado dedicado a la menopausia
http://www.nlm.nih.gov/medlineplus/spanish/ency/article/000894.htm

Portal americano en castellano muy completo sobre el tema de la menopausia
http://familydoctor.org/e125.xml

Portal muy completo
http://www.menopausia-en-linea.com/

Bibliografía

Los títulos que se acompañan constituyen una selección de publicaciones sobre el tema «Climaterio». En las direcciones que figuran en páginas anteriores («Contactos») podrás localizar otros muchos títulos que puedan resultarte de interés.

Berg, Lilo. *Brustkrebs-Wissen gegen Angst.* Antje Kunstmann Verlag, Munich. 1995.
Daub-Amend-Eveline. *Wechseljahre-Gesund und selbstbewusst in eine neue Lebensphase.* Verlag freies Geistesleben, Stuttgart, 1999.
Füller, Ingrid/Sabine Keller. *50 und aufwärts-Das Begleitbuch für die zweite Lebenshälfte.* Stiftung Warentest, Berlin, 1999.
Meryn, Siegfrid/Markus Metka y Georg Kindel. *El hombre 2000,* Plaza&Janés Editores, S.A., Barcelona, 2000.
Oberbeil, Klaus/Ulla Rahn-Huber. *Jung bleiben mit Anti-Aging.* Südwest Verlag, Munich, 1998.
Onken, Julia. *Feuerzeichenfrau- Ein Bericht über die Wechseljahre.* Verlag C.H. Beck, Munich, 1998.
Pramann, Ulrich. *Einfach wohl fühlen.* Südwest Verlag, 6ª edición, Munich, 1998.
Reichmann, Judith. *Ich bin zu jung, um alt zu sein-Gesundheit für Frauen über vierzig.* Verlag, Gesundheit, Berlín, 1998.
Reynold, Edna. *Unbeschwerte Wechseljahre-Geheimnisse der Naturheilkunde.* Karl F. Haug Verlag, Heidelberg, 1997.
Röcker, Anna Elisabeth. *Yoga-das Übungsbuch für Lebensfreude und Gelassenheit.* Cormoran Verlag, Munich, 2001.
Sheehy, Gail. *Wechseljahre, na und?* List Verlag, Munich, 1993.

En español se pueden consultar, entre otras, las siguientes obras:

Guía de atención a la salud de la mujer en el climaterio y la madurez. Editor: Andalucía: Consejería de Salud, 2001.

Informe sociológico: la mujer post- menopáusica y la asistencia sanitaria en la problemática del climaterio y menopausia. Editor: Bernard Krief, 1996.

Preguntas y respuestas sobre el climaterio y menopausia. Ediciones Mayo, S.A., 2000.

Abdulhamid, Ammar. *Menstruación.* Emecé Editores, 2002.

Barthe, Emma. *Cáncer, enfrentarse al reto.* Ediciones Robinbook, S.L., 1997.

Botella Llusiá, José. *Climaterio y menopausia.* Salvat Editores, S.A., 1990.

Boulet, Jacques. *Curarse con la homeopatía.* Ediciones Robinbook, S.L., 1997.

Boulet, Jacques. *Diccionario de homeopatía.* Ediciones Robinbook, S.L., 1998.

Colbin, Annemarie [et al.]. *El poder curativo de los alimentos.* Ediciones Robinbook, S.L., 1993.

Edvall, Lilian. *Climaterio y menopausia.* Edicions Cúmulus, S.C.P., 1996.

Gallotti, Alicia: *¿Hay vida después de los 50?* Ediciones Robinbook, S.L., 2002.

Herrera Peral, José. *Climaterio y menopausia: respuestas actuales.* Editorial Libro del Año, S.L., 1996.

Houppert, Karen. *La menstruación: desmontando el último tabú femenino.* Editorial Juventud, S.A., 2000.

Iglesias, Xavier... [et al]. *Trastornos de la menstruación.* Ediciones Martínez Roca, S.A., 1987.

Link, John. *Vivir con cáncer de mama.* Ediciones Robinbook, S.L., 2003.

Möhring, Wolfgang. *La farmacia natural.* Ediciones Robinbook, S.L., 2001.

Murray, M. [et al.]. *La curación del cáncer. Métodos naturales.* Ediciones Robinbook, S.L., 2004.

Navarro José/ Calaf, Joaquín/ Comino, Rafael. *El climaterio.* Masson, S.A., 2001.

Réquéna, Yves. *La gimnasia de la eterna juventud: guía fácil de Qi Gong.* Ediciones Robinbook, S.L., 1996.

Índice de términos

aceites esenciales, 167
ácidos grasos, 69
agua, 72
alimentación óptima, 68
anticoncepción, 118
aromaterapia, 164
autoanálisis, 181
autoexploración, 125, 127
automedicación, 216
ayuda profesional, 158

balance alimenticio, 78
— energético, 152
— hormonal, 133
bigote femenino, 203

cabello, caída de, 93
calambres, 168
cáncer de mama, 126
cáncer, 122
ciclo femenino, 24
— fértil, 14
—, irregularidades, 33
cistitis, 201
climaterio, 12, 23
—, síntomas, 9
—, trastornos, 199
colesterol, 211
concentración, 220
—, falta de, 169

concepción, 115
control hormonal, 25
corazón, 39
crisis en la pareja, 155
chequeos, 211

déficit hormonal, 143
delgadez, factores de, 82
dolencias vaginales, 233
dolores de cabeza, 223

enfermedades cardiocirculatorias, 210
estrógenos, 30
— «conjugados», 58
— «naturales», 58
— de diseño, 60

factores de delgadez, 82
fases lunares, 148
fibras vegetales, 70
fitohormonas, 46
fluctuaciones anímicas, 168
folículos, 27
fumadoras, 21

hemorragias, 25
hemorroides, 209
hidratos de carbono, 70
hipotálamo, 25

homeopatía, 215
hormonal, modificación, 42
hormonas de sustitución, 54, 58
— naturales, 47
— sexuales femeninas, 30
huesos, 39

incontinencia, 218
insomnio, 236
irritabilidad, 168

jalea real, 46
letargia, 168
libido, 106

masajes, 165
mastopatías, 227
materias vegetales, 72
medicina naturista, 41
meditación, 173
melatonina, 145
menopausia, 12
— precoz, 28
menstruación, trastornos, 200
minerales, 71
molestias vaginales, 103

oligoelementos, 71
osteoporosis, 229
ovarios, 129
—, quistes, 130
óvulos, disminución, 26

pecho, 37, 124
pérdidas intermenstruales, 35
perimenopausia, 12
piel, 39, 87
píldora antibaby, 116
postmenopausia, 12
premenopausia, 12

progesterona, 30
prolactina, 31
proteínas, 68
psicofármacos, 159

quistes en los ovarios, 130

regla, ausencia, 34
relajación muscular, 172
—, técnicas, 170
remedios vegetales, 43

sistema circulatorio, 39
— nervioso vegetativo, 40
sofocos, 214
soja, semillas de, 53
Sol, 90
suelo pélvico, 134
sueño, alteración, 144

técnicas de relajación, 170
tensión nerviosa, 168
terapia de complemento, 61
— hormonal, 62
test hormonal, 29
testosterona, 31

uretra, 37
útero, 129
—, fortalecimiento del, 169

vagina, 36, 105
vegetales, materias, 72
vejiga, 37
—, inflamación, 201
Viagra, 109
vitaminas, 71

yoga, 176

Índice

El climaterio no es el final 9
   Aceptar los desafíos 9
   Inseguridades y miedos 11
   La larga fase del cambio 15
   Un nuevo entendimiento propio 18

Tiempo de cambios 23
   ¿Qué ocurre en el climaterio? 23
   El ciclo femenino 24
   Las hormonas sexuales femeninas 30
   Irregularidades en el ciclo 33
   ¿Y qué más se modifica? 36

Ayudas de la naturaleza y la medicina 41
   Mayor bienestar con la medicina naturista 41
   También la homeopatía puede servir de ayuda 49
   Coadyuvantes de los estrógenos en la alimentación 52
   ¿Hormonas como remedio milagroso? 55
   Hormonas de sustitución «conjugadas» y «naturales» .. 58
   La terapia de complemento hormonal 61
   Resumen: sólo tolerable para unas pocas 66

Saludable, atractiva y en plena forma 67
   Bella y en forma 67
   Más importante que nunca: una alimentación óptima ... 68
   Pequeños trucos para mejorar el balance alimenticio 78

Mantener el peso ideal, incluso en el climaterio 81
La piel, nuestro órgano más sensible 87
También cambia el pelo 93

Deseo y amor 97
La mujer siempre es mujer, incluso a partir de los 45 97
¿Demasiado mayor para la sexualidad? 97
Por fin, más tiempo para dedicar a la pareja 102
El estímulo de lo nuevo 111
Además hay otro tema: la preocupación por la
   concepción 115
La otra forma de la fertilidad 119

Hitos en la vida 121
Reconocer los signos de peligro y prevenir en la forma
   adecuada 121
Alteraciones de los tejidos del pecho 124
Ovarios y útero 129
El suelo pélvico 134

Baños de sensaciones alternantes 141
Encontrar el equilibrio 141
Las causas hormonales 142
Cuando la noche se hace día 143
De repente falta el ritmo 148
Rechazar cargas innecesarias 151
Las despedidas duelen 154
La melancolía de la edad 157

Sesiones de caricias para el espíritu 161
¡Por fin, tiempo para mí! 161
Todo lo que te beneficie 163
Técnicas de relajación 170
Autoanálisis 181

Desarrollar nuevas perspectivas 183
   Reflexionar sobre la situación propia 183
   Un nuevo proceso de orientación 184
   Descubrir nuevas tareas y pasiones 187
   Defender fronteras propias 189
   Sola, pero no solitaria 191

Consejo y ayuda en los problemas típicos 199
   Trastornos del climaterio 199
   Trastornos de la menstruación 200
   Bigote femenino 203
   Dolencias hemorroidales 209
   Enfermedades cardiocirculatorias 210
   Sofocos 214
   Trastornos de incontinencia 218
   Trastornos en la concentración 220
   Dolores de cabeza 223
   Mastopatías 227
   Osteoporosis 229
   Dolencias vaginales 233
   Insomnio 236

Apéndice 239
   Las infusiones medicinales más importantes
      para el climaterio 239
   Los mejores consejos para el climaterio 241

Contactos 243

Bibliografía 247

Índice de términos 249